JN080305

ヘイトスピーチ規制の最前線と法理の考察

桧垣伸次
奈須祐治
編著

梶原健佑
櫻庭　総
成原　慧
中村英樹
村上　玲
森口千弘
玉蟲由樹
著

法律文化社

は じ め に

　ヘイトスピーチについては既に国内に相当な研究業績の蓄積がある。従来この問題は差別的表現という用語の下で議論されてきた。とりわけ、1990年の内野正幸教授の著書、『差別的表現』(有斐閣、1990年) が画期となった。同書をめぐり、内野教授と同世代の、いわゆる55年組の論者 (松井茂記教授、市川正人教授等) が議論に加わって活発な議論が交わされた。また、この頃人種差別撤廃条約への加入をめぐって差別的表現規制への賛否が明確にされたこともあり、各論者の規制に対するスタンスもある程度明らかになっていた。こうして、規制積極説、中間説、規制消極説といった学説分類がなされるようになるとともに、ヘイトスピーチをめぐる基本的な論点が明らかにされた。すなわち、ヘイトスピーチには価値があるか、それはいかなる害悪を生むか、その害悪は言論で対抗可能か、規制にはいかなる類型がありうるかといった考慮要素がかなりの程度精緻化された。

　内野教授の著書はその刊行時期の関係から、アメリカのヘイトスピーチ論争を十分にカバーしていなかった。主に80年代の終わり頃に大学キャンパスを舞台に起きたこの論争の過程で、膨大な量の論文・著書が発表された。また、連邦最高裁がヘイトスピーチに関する判決 (R.A.V. v. City of St. Paul, 505 U.S. 377 (1992)) を下したことも議論を加速させる要因になった。日本の研究者はアメリカの議論をフォローするのに一定の時間がかかったが、90年代後半以降アメリカ憲法研究者により学説・判例の紹介・整理がなされるようになった。その後海外で業績が増え続けたこともあり、研究対象はドイツ、フランス、カナダ、イギリス等多岐にわたった。

　2000年に入って人権擁護法案をめぐる活発な論争がなされ、ヘイトスピーチに関する理論の進展がみられたが、何より2010年前後からの日本におけるヘイトスピーチの社会問題化の学界への影響は大きかった (周知のとおり、この時メディアでもヘイトスピーチという用語が定着した)。先に引用した論者に加え、憲法

以外の分野の法学者、他分野の研究者、実務家が広く議論に参入し、著しく理論が深化した。またこの時期には、判例や国・自治体の立法において独創的な対応がなされ、理論に影響を与えた。同時に比較法研究の要請もますます高まったため、これまで以上に比較法研究に広がりと深みが生まれた。

このような理論的進展もあって、最近では学説に新たな動向がみられる。たとえば近時の若手・中堅の研究者は、これまでに増して独創的な理論探究を行う傾向にある。また、従来この分野では海外からの輸入に専念してきたが、逆に日本の判例・学説を輸出すべく、英語による業績の発信もなされつつある。われわれも、日本の理論状況を体系的にまとめた初の英語による書籍である、Shinji Higaki & Yuji Nasu, *Hate Speech in Japan: The Possibility of a Non-Regulatory Approach*（Cambridge University Press, 2021）を本年1月に公表した。

しかし、現在でもなお積み残した理論的問題が多いうえ、実務上も次々と課題が生まれている。たとえばヘイトスピーチの非規制的手法は原則として合憲と考えられるが、大阪市ヘイトスピーチ条例等の定める氏名等の公表は本当に憲法に違反しないのか、インターネット上で特定人を差別する言動は違法となりうることに疑いないが、それを実効的に統制する方法はないのか、選挙運動の過程での排外主義的な候補者の言動は規制できないのかといった問題が挙げられる。これらの問題には既存の理論の応用では容易に対応できず、他分野や外国法の知見に依りつつ、理論をアップデートする必要がある。

以上のような理論的、実践的な傾向を踏まえると、現在法学研究者に求められるヘイトスピーチの書籍は、既存の国内の学説・判例の整理や外国の法律・判例の単純な紹介ではなく、新たな理論の構築を目指すものでなければならない。そこで、本書は日本で十分に論じられてこなかったいくつかの論点を、理論的に掘り下げることを主たる目的とする。こうした本書の性格上、編者が特に重要性が高いと考える論点をピックアップしたうえで、最新の理論動向に敏感な若手・中堅の法学研究者に執筆を依頼した。

本書の構成と概要は以下のとおりである。まず第Ⅰ部では、ヘイトスピーチに関する現行法を刑事、民事、そしてヘイトスピーチ解消法（以下、解消法）の観点から検討して、その射程と限界を探る。日本では、表現の自由への懸念等

から、ヘイトスピーチに対しては一般に非規制的な施策を用いて対応している。他方で、一定のヘイトスピーチについては現行法上規制が可能であることもしばしば指摘されてきた。これらの現行法上の規制については既に議論の蓄積があるが、第Ⅰ部では現行法の射程を検討して、これらの法の可能性と限界を探る。

第1章は、日本のヘイトスピーチ法の中心的役割を担う解消法の原理的問題について検討する。桧垣伸次は、ヘイトスピーチは許されないと宣言しつつ、国および地方自治体に対して啓発や教育活動をすることを求めている同法は、いわゆる「政府言論」によりヘイトスピーチの抑止を企図する法律であると解釈する。政府言論の根拠や射程は未だ問題となっており、国や自治体がどのような活動を行いうるのかが問われる。桧垣はアメリカの議論を参照しつつ、国や各自治体の啓発活動を憲法上どのように評価しうるのかを検討する。

第2章はこれまで理論的検討が不十分だった、ヘイトスピーチに対する民事の差止め請求の可能性と限界とを探る。梶原健佑は、ヘイトスピーチに対する差止めが問題となったこれまでの事例の検討を通して、裁判所が認めてきた被保全利益や差止めの要件を析出する。そして、事前抑制禁止の法理の検討がこれらの事例に欠けていることを指摘して、アメリカの法理を参考に、事前抑制該当性および認められる差止めの範囲について考察する。

続く第3章では、ヘイトスピーチの規制手段として用いられてきた刑法の名誉毀損・侮辱罪の射程が再検討される。ヘイトスピーチの「規制」が語られる際に、これらの罪が主として想定されてきた。しかし、名誉毀損罪は不特定多数に向けられる表現については適用されないことがしばしば指摘されてきた。櫻庭総は、ドイツ刑法の侮辱罪における集団侮辱という解釈手法を参考に、マイノリティ集住地区以外の一般の公道で行われた街宣やデモなどへの名誉毀損罪の適用可能性を探る。

近年の日本におけるヘイトスピーチ規制をめぐる議論は、排外主義団体によるデモ活動に対する刑事・民事規制が主に念頭に置かれてきた。しかし、当然ながら、ヘイトスピーチをめぐる問題はこのような典型的な場面に限定されるものではなく、また規制にも刑事・民事以外の様々なアプローチがありうる。

第Ⅱ部ではこれらの多様な施策について、その可能性と問題点を検討する。

　第4章は、近年特に大きな社会問題となっているインターネット上のヘイトスピーチをめぐる問題を検討する。この問題については、一方で対策の不十分性が指摘されるが、他方で表現の自由との関係で対策の副作用について懸念も示されている。この問題については一定の先行業績があるが、成原慧は最新の動向を踏まえて議論を整理する。とりわけ成原は、欧米のインターネット上のヘイトスピーチに対する法規制および自主規制との比較を通じて、日本の施策に関する課題を指摘する。

　これまで国よりも一部の地方自治体が、積極的にヘイトスピーチ対策に取り組んできたことが知られている。この分野はとりわけ動きが早いこともあり、現況を踏まえた検討が求められている。そこで、第5章において中村英樹は、自治体の対策を総括し、その憲法適合性を再検討する。ここでは、排外主義者による公の施設の利用の可否を判断するためのガイドラインに加え、日本で初めてヘイトスピーチに刑事罰を科すことを定めた川崎市の条例が検討される。

　第6章では、人権擁護法案の際に議論になった、人権法ないし差別禁止法によるヘイトスピーチ規制の可能性が改めて検討される。奈須祐治は、刑事規制・民事救済・非規制的アプローチ等の組み合わせには限界があると論じる。そこで、人権法により国内人権機関を設置し、和解と調停の実現を主目的とした行政的統制の手続を設けるという、これまでとは異なるアプローチの可能性を提示する。奈須は、オーストラリアの人権法をめぐる議論を参考に、同アプローチのメリット・デメリットを整理する。そのうえで、一部のマイノリティに対する差別が厳しく、マイノリティの団体の組織化にも限界がみられるという日本の現状に鑑みて、人権法による規制の必要性が検討されてよいと主張する。

　第Ⅲ部では、ヘイトスピーチをめぐる理論的な問題について検討する。ヘイトスピーチ規制をめぐっては、その規制根拠や保護範囲など、様々な理論的問題が未だ議論されている。第Ⅱ部まででみてきたような具体的な問題を解決するためにも、これらの理論的な問題を検討することは不可欠である。第Ⅲ部では、これらの問題について議論の蓄積が豊富なアメリカ、ドイツそしてイギリ

スなどを参考に、現時点での理論の最前線をみていく。

　第7章は、ヘイトスピーチ規制法がどのような属性が含められるべきかという、これまで日本の学説が本格的に論じてこなかった問題を検討する。これは、当該国の歴史や文化に依存しており、確定が困難な問題であった。解消法は「本邦外出身者」を保護される集団とするが、発議者は保護される集団はそれに限定されないと説明し、衆参両院の附帯決議でもその旨が述べられた。そのため同性愛者やアイヌ民族など「本邦外出身者」以外の集団の扱いに疑問が生じた。村上玲は、既存のヘイトスピーチ立法に宗教、同性愛、障害などの属性を加えることにつき、激しい議論を行ったイギリスの経験を踏まえ、日本のヘイトスピーチ立法で保護すべき集団の画定のあり方について、見通しを提供する。

　表現の自由や信教の自由は、社会における平等の実現を目指す反差別法と対立する可能性を持つ。ここでは差別禁止法の規定する「平等」の理念により、表現や信仰等の「自由」をいかに制約できるかが争点となる。これはヘイト「スピーチ」というより差別的行為や実践の問題だが、こうした行為は少なからずメッセージ性を帯びるので、ヘイトスピーチの問題と重なる。第8章で森口千弘は、キリスト教徒が信仰を理由に同性愛者に対して差別的言動を行うというアメリカの事例に着目して、この自由と平等の相剋を検討する。

　第9章は、しばしばヘイトスピーチの規制根拠として挙げられる「尊厳」について検討する。ジェレミー・ウォルドロンの著書が邦訳されたこともあり、日本の規制積極論には「尊厳」を規制根拠と主張する者が多い。しかし、マイノリティの地位として理解されるウォルドロンの「尊厳」概念は極めて漠然としたものであり、このような概念を用いて規制を正当化する議論には批判も多い。玉蟲由樹は、憲法の明文規定に「人間の尊厳」をもち、憲法上の人間の尊厳の規範的意味をめぐる議論の蓄積があるドイツの人間の尊厳論に焦点を当て、ヘイトスピーチと尊厳との関係性を検討する。

　既にヘイトスピーチを題材とした書籍は国内でも数多いが、本書所収の論文は、いずれも最先端の理論と実務の動向を踏まえたものであり、本書を世に問う意義は大きいと思う。本書が今後のヘイトスピーチに関する議論を喚起する

ことを期待したい。

　2021年7月

奈須祐治／桧垣伸次

目　　次

はじめに

第 I 部　現行法の可能性と限界

第1章　ヘイトスピーチ解消法と非規制的施策
――――――――――――――――桧垣　伸次　2

第2章　ヘイトスピーチに対する差止め請求に関する一考察
――事前抑制禁止の法理との関係を中心に
――――――――――――――――梶原　健佑　19

第Ⅱ部 ヘイトスピーチに対する実効的な施策

第4章 インターネット上のヘイトスピーチとその規制
———————————————— 成原 慧 62

第5章 地方公共団体によるヘイトスピーチ対策の現況
———————————————— 中村 英樹 82

第6章　ヘイトスピーチの人権法による統制の可能性
―――――――――――――――――― 奈須　祐治　102

第 III 部　理論的探求

第7章　ヘイトスピーチ規制と保護属性 ――― 村上　玲　120

第8章　信教の自由と反差別法 ――――――― 森口　千弘　137

第 I 部　現行法の可能性と限界

第 1 章

ヘイトスピーチ解消法と非規制的施策

桧垣伸次

1 はじめに

　本章では、ヘイトスピーチ解消法が国や地方公共団体に対して求めている非規制的施策について検討する。

　ヘイトスピーチにどのように対処するのかについては、しばしば規制に消極的なアメリカ型と積極的なヨーロッパ型が対比される[1]。かつて日本では、ヘイトスピーチについて規制する法律を制定せず、アメリカ型に近い対応をしてきた。1990年代頃までは、ヘイトスピーチという言葉は一般には広まっておらず、また、その規制についての議論もそれほど活発ではなかった[2]。しかしながら、2000年代に入り、在日特権を許さない市民の会（「在特会」）をはじめとする排外主義団体によるデモ活動などが多くみられるようになったことにより、状況は大きく変化した。とくに、京都朝鮮学校事件の民事裁判で、約1200万円という比較的高額の損害賠償が認定された[3]ことをきっかけに、「ヘイトスピーチ」という言葉が広く知られるようになり、マスコミや国民も注目するようになってきた。京都朝鮮学校事件および同事件の評釈などでも指摘されたように、特定の人あるいは集団に向けられたヘイトスピーチについては、名誉毀損罪や侮辱罪など、既存の法で規制が可能であった。しかし、「○○人一般」のような、不特定多数の対象に向けられたヘイトスピーチについては、既存の法の射程外であった。そこで、新たな法を制定して、これに対応すべきであるという主張がなされるようになった。

　このような意見に対応して、2016年には、いわゆるヘイトスピーチ解消法が制定された。この法律は、ヘイトスピーチは「許されない」と宣言しつつも、刑罰を科していない点に大きな特徴がある。このような、非規制的手法を中心にヘイトスピーチに対応しようとする日本のヘイトスピーチ法のあり方は、アメリカ型ともヨーロッパ型とも異なる第3の道であるということができる。後に見るように、ヘイトスピーチ解消法は、国や地方公共団体に対して、教育活動や啓発活動などを通じて、不当な差別的言動を解消するように求めている。本章は、同法が求める啓発活動について検討するものである。

2　ヘイトスピーチ解消法[4]

1　構　　造

　ヘイトスピーチ解消法は、前文と7条で構成される、短い法律である。

　前文は、立法事実および立法目的を述べている。そこでは、本邦外出身者に対する不当な差別的言動（以下、「不当な差別的言動」とする）により、被害者が「多大な苦痛を強いられるとともに、当該地域社会に深刻な亀裂を生じさせている」ことを指摘し、このような不当な差別的言動は「許されない」と宣言している。そして、「更なる人権教育と人権啓発などを通じて、国民に周知を図り、その理解と協力を得つつ、不当な差別的言動の解消に向けた取組を推進」することが解消法の目的であるとしている。ここで述べているように、同法はヘイトスピーチに対して刑事罰を科すことや、民事制裁を加えることを目的とするものではない。そのため、ヘイトスピーチを行う者ではなく、国や地方公共団体、国民に向けて、不当な差別的言動の解消に取り組むよう求めている。

　1条もまた、立法目的を述べている。同条は、不当な差別的言動の解消が、日本にとって喫緊の課題であるとして、この問題に取り組むことを宣言している。

　2条は、同法が取り組む「不当な差別的言動」を、「専ら本邦の域外にある国若しくは地域の出身である者又はその子孫であって適法に居住するもの」（以下、「本邦外出身者」とする）を、「本邦の域外にある国又は地域の出身であるこ

とを理由として」、「地域社会から排除することを煽動する不当な差別的言動」
と定義する。すなわち、同法が対象とする「不当な差別的言動」は、特定の対
象に向けたものだけではない。これまで、名誉毀損罪や侮辱罪など、既存の法
が適用されうるヘイトスピーチとは、特定の人あるいは集団に向けられたもの
だけであるとされてきた。同法は、ヘイトスピーチに対して刑事罰を科すこと
などを目的とするものではないため、ここでの定義は些か曖昧なものになって
いると指摘されることがある。また、ここで定義するヘイトスピーチの範囲
は、「適法に居住する本邦外出身者」に向けられたものである。すなわち、ア
イヌ民族などの本邦内出身者や不法滞在者に向けられたものはこの定義から外
れる。そのため、2条の定義は不当に狭いともいわれる[5]。このような定義の問
題については、同法がいわゆる「理念法」であるために、厳格に限定されてい
なくても良いと考えられている[6]。

　3条は、国民に対する努力義務を規定している。同条は、国民に対して、
「差別的言動の解消の必要性に対する理解を深める」ことおよび「差別的言動の
ない社会の実現に寄与するよう努め」ることを求めている。

　4条は、国および地方公共団体に対して、本邦外出身者に対する不当な差別
的言動の解消に向けた取組みに関する施策を実施することを求めている。ま
た、国に対しては、地方の取組みに対して、「必要な助言その他の措置を講ず
る責務を有する」とし（4条1項）、地方公共団体に対しては、「国との適切な役
割分担を踏まえて、当該地域の実情に応じた施策を講ずるよう努める」ことを
求めている（4条2項）。人種構成や差別の現状などが地域によって異なること
から、2項が求めるように、地域の現状に応じた施策を講ずることは重要であ
る。なお、国については、「責務を有する」としながら、地方公共団体について
は、「努めるものとする」としている。これは、地方公共団体については
様々な違いがあるため、その実情に応じて施策を講じる必要があるのに対し
て、国は啓発等を主体的にやる責務があることから異なる表現にした――すな
わち、「国と地方公共団体が果たすべき役割の違いを踏まえて書き分けを行っ
た」と説明されている[7]。そして、5条以下で、本邦外出身者に対する不当な差
別的言動に対する具体的な施策を示している。5条では、相談体制の整備、6

条では、教育活動の実施、7条では広報その他の啓発活動の実施を、それぞれ国および地方公共団体に対して求めている。

2　政府言論

　このように、ヘイトスピーチ解消法は、ヘイトスピーチを行った者に対して刑罰を科すものではなく、国や地方公共団体、そして国民に対して、不当な差別的言動をなくすように求めている。これに応じて、たとえば警察庁は、名誉毀損罪や侮辱罪などの現行法を駆使して、ヘイトスピーチに厳しく対応していく方針を固めて、各都道府県警に通達を出した。また、同法は、他の法律の解釈指針として機能するという主張もある。しかし、同法は、理念法であるがゆえに、「不当な差別的言動」を緩やかに定義していることに注意が必要である。同法が、実質的にヘイトスピーチを「規制」することになるのならば、定義の問題が再び現れる。一般に、表現の自由を規制する法は明確でなければならないとされる。少なくとも、同法2条の定義が維持されるままであるならば、同法が実質的な規制となるような解釈はするべきではない。

　それでは、国や地方公共団体は何ができるのか。ここで注目したいのが、ヘイトスピーチ解消法が、国や地方公共団体に対して教育活動や啓発活動をするよう求めている点である。後述するように、これにこたえて、国や地方公共団体は様々な啓発活動や教育活動を行っている。これらの活動は、「政府言論」と解釈することが可能である。

　政府言論は、アメリカで比較的最近発展してきた法理である。[8] 表現の自由を保障するアメリカ合衆国憲法修正1条は、政府による表現規制を原則として禁止している。とくに、表現内容に着目した規制（表現内容規制）については、裁判所は厳格に審査しなければならないとされる。しかしながら、政府言論の法理は、政府が表現主体となる場合には、修正1条が適用されないとする。民主政のもとでは、政府が自身の見解を表明することはむしろ必要とされ、そのため、政府が表現主体となる場合には、観点差別すら許されるとされる。

　国は、ヘイトスピーチ解消法を制定することにより、ヘイトスピーチは許されないとする強いメッセージを発しており、また、同法は、国および地方公共

団体に、教育や啓発活動など、さらにメッセージを発することを求めている。つまり、ヘイトスピーチは許されないと宣言する同法自体、一種の政府言論といえるが、さらに、同法4条以下は、様々な類型の政府言論を求めており、同法はその政府言論を方向付けるものであると考えられる。ヘイトスピーチ解消法を理念法とみる限り、政府は「規制主体」ではなく「表現主体」であり、観点中立性は求められない。そのため、表現の自由との相克という問題を避けることもできる。

　「はじめに」で述べたように、ヘイトスピーチ解消法は罰則規定を設けず、ヘイトスピーチを抑制しようとしている。このような非規制的手法を用いてヘイトスピーチに対処するやり方は、アメリカ型ともヨーロッパ型とも異なる「第3の道」であるといえる。とはいえ、特定の見解について、国家が「許されない」とすることの問題点は残る。内容に基づく規制が許されないのは、「国家がある表現を『許されないものだ』とレッテル張りをすること」は、大きな萎縮効果を持つからである。罰則規定を持たないとはいえ、ヘイトスピーチ解消法の「表現的な効果」が持つ萎縮効果は決して無視できない。そこで、本章では、国や地方公共団体が行っている活動に着目し、その限界について検討する。

3　具体的な施策

1　法務省の取組み

　法務省は、かねてより、ポスター・リーフレット、啓発冊子、インターネット広告、そしてスポット映像やSNSによる啓発活動などを実施している。法務省人権擁護局の活動の中で中心となるのが、「ヘイトスピーチ、許さない」と銘打った各種啓発活動である。「ヘイトスピーチ、許さない」というキャッチコピーは、ヘイトスピーチ解消法以前に打ち出されたものだが、同法の方向性と軌を一にしているといえる。法務省は、当初は、共生社会の実現に向けた広く外国人の人権についての啓発活動を検討していたが、ヘイトスピーチが社会問題化してきたことをうけて、より具体的に同内容にした。これは日本国内

でヘイトスピーチが社会問題化してきたことや、国連の差別撤廃委員会による勧告などをうけたものである。法務省は、ヘイトスピーチ解消法制定後は、同法の趣旨を踏まえ、その内容を周知するなども行っている。

　法務省が啓発活動を行う理由の1つとして、表現の自由への配慮が挙げられる。[12]これは、政治的意見を述べただけで「ヘイト」として、その表現の抑圧に利用されることを懸念したものである。また、ここには、国や法務省ではなく、社会全体としてヘイトスピーチを許さないという認識を共有できるようにするという意図がある。「ヘイトスピーチ」は、日本では比較的最近見られるようになった言葉であり、またその定義が明確になっているとはいいがたい。そのため、その概念が拡張して用いられることがある。この点を考えるならば、ヘイトスピーチへの対応を啓発活動にとどめた法務省の判断は、妥当なものであったといえる。

　近年では、法務省は、2019年3月8日付け法務省人権擁護局調査救済課長依命通知「インターネット上の不当な差別的言動に係る事案の立件及び処理について」の発出および通知、人権擁護局ホームページのリニューアル、啓発ポスターおよび啓発冊子を活用した啓発活動並びにインターネット広告の実施などを行っている。[13]他にも同省の近年の活動としては、ホームページをリニューアルしてより分かりやすく見やすい内容にしたこと、法務省ホームページのトップにバナーを掲載したこと、ヘイトスピーチに関するページへのリンクおよび広告文を掲載したことが挙げられる。なお、同省によると、これらの取組みにより、同省ホームページのヘイトスピーチに関するページへのアクセス件数が、2018年6月の1万3465件から、2019年6月の2万4490件へと増えていることが指摘される。

　また、法務省の人権擁護機関は、人権侵犯事件の調査救済活動を実施している。[14]法務省の人権擁護機関は、被害者の申出などにより、調査を行う。ここでの調査は任意のものであり、法的強制力を持つものではない。そして、調査の結果、事案に応じて、援助、説示、勧告などの対応をとる。ヘイトスピーチに関しては、たとえば、2016年に、川崎市内の公園および路上において、同市桜本所在の社会福祉法人が管理する川崎市ふれあい館・川崎市桜本こども文化セ

ンターに勤務する在日韓国人女性らに対して、日本から排除しようとする気勢を示す言動を行ったことに対して、被害者からの申告を端緒に、横浜地方法務局（川崎支局）が法務省人権擁護局と共同で調査を行い、横浜地方法務局長による勧告が行われた。これらの対応は、制裁を意図するものではなく、また、基本的には公表しないのが原則となっている。ただし、公的関心事であるか否か、当事者の公表の意思等の事情を考慮して、公表することもある。

　このように、法務省の対応は総じて「ソフト」なものであるといえる。罰則を科さないという、ヘイトスピーチ解消法の趣旨に沿ったものといえる。上述のように、啓発活動のようなソフトな活動は、表現の自由との衝突を避けつつもヘイトスピーチに対応することができるため、表現の自由と反人種主義とのバランスをうまくとることができるといえる。ただし、これらの啓発活動の成果をはかることは容易ではない。近年、排外主義団体によるデモ活動は減少傾向にあるといわれるが、これは京都朝鮮学校事件で比較的高額の損害賠償が認められたことなどの影響などもあり、啓発活動の影響をはかることは難しい。[16]

2　地方公共団体の取組み[17]

　東京都は、「東京都オリンピック憲章にうたわれる人権尊重の理念の実現を目指す条例」に基づいて、啓発活動をしている。他にも、神奈川県では、独自の広告を作成し、JRや私鉄の中吊り広告として使用している。同広告においては、「ヘイトスピーチ、許さない。」と大きな文字で書いたうえ、「ヘイトスピーチとは、特定の民族や国籍の方を排斥する差別的言動のことです。あらゆる差別のない社会をともに築きましょう。」と書いている。また、神奈川県は、啓発冊子「私たちの身近にあるヘイトスピーチ」による啓発活動、湘南ベルマーレホームゲーム開催時における、場内大型ビジョンによる啓発活動、インターネット上の差別的な書き込みについてのモニタリング事業、学校教育と社会教育における指導資料・学習教材を作成および提供、指導資料や啓発資料等の作成・県内公立学校や市町村教育委員会への配付などを行っている。

　その他、多くの地方公共団体で、法務省が作成した啓発のためのホームページを利用して、啓発活動を実施している。地方公共団体のホームページ上で、

法務省の「ヘイトスピーチに焦点を当てた啓発活動」のリンクを張っている団体も多くある。また福岡県では、人権啓発CM「ヘイトスピーチ、福岡県も許さない！」を作成して、動画投稿サイトで公開しており、そのリンクを福岡県や福岡市のホームページに貼っている[18]。

　上記のように、地方公共団体の中でも、啓発活動を行うに際して条例を制定しているものと、条例ではなくガイドラインという形などで対応しているものがある。

　啓発活動のほか、公表について定めている地方公共団体もある。ヘイトスピーチ解消法制定よりも前に大阪市が制定した「大阪市ヘイトスピーチへの対処に関する条例」では、ヘイトスピーチに該当する言論行為が行われたという申出等があった場合に、学識経験者等で構成されるヘイトスピーチ審査会の意見を聴き、問題となった表現がヘイトスピーチに該当すると判断された場合には、表現内容の拡散防止措置をとるとともに、表現内容の概要、表現活動を行ったものの氏名または名称等を公表するとしている。また、解消法制定以降、東京都や川崎市が条例で、公表について定めている。

3　若干の検討

　ここまでみてきたように、国や地方公共団体は、基本的には罰則を科すことなく、ヘイトスピーチを抑止しようとしている。ここで政府は、ヘイトスピーチを規制するのではなく、「それを取り囲むコンテクストを操作して社会的意味をコントロールし、正統を定め」[19]ている。政府による啓発活動や教育活動は、政府自身が表現主体となっており、内容中立原則が適用されない。そのため、ヘイトスピーチは「許されない」といったように、特定の行為を批判することも原則として許される。

　しかしながら、政府は膨大な人的・物的資源を有しており、その圧倒的な資源を用いて思想の自由市場をゆがめてしまうおそれもある。また、このようなやり方は、「規制の迂回」となりうるものであり、「政府が自らの政治的責任を回避して規制目的を達成するために濫用されるおそれ」[20]がある。そのため、政府言論の法理の限界を考える必要がある。アメリカでは、少なくとも憲法の国

教樹立禁止条項が、政府言論の限界であると考えられている。そのため、たとえば、「アメリカはキリスト教の国である」と宣言する法律を制定することはできない[21]。しかし、国境樹立禁止条項以外の限界については明確ではない。

　政府言論について、政府は教化（indoctrination）となるような手法を用いてはならないと指摘される[22]。しかし、何が教化にあたるのか、判断は難しい。ここでは、Helen Nortonの議論を参考に、基本的な視点を指摘したうえで、非規制的手法の1つである公表について検討したい。

（1）基本的な視点　　政府は、自身が表現者である場合には、観点中立性は求められない。しかし、その圧倒的な力を用いて言論市場を独占ないし操作することは許されないと考えられている。Nortonは、弱い立場の人の言論をつぶすような政府言論は修正1条の核心に反すると指摘する[23]。マッカーシズムの例が示すように、政府による攻撃は、相手が弱い立場にあればより効果的となる[24]。毛利透は、ヘイトスピーチ解消法が「許されない」とするのは、「社会的な少数派に対する脅迫的あるいは強度に侮辱的な言動であり、特定個人になされるのであれば違法であることが明確な種類の表現活動である。このような言動に国家が消極的な価値判断を行うことは、人権保障の理念にかなう」と指摘する[25]。これに対して、公民権運動の指導者への政府言論による攻撃に修正1条による制約があるなら、人種差別主義者への政府言論による攻撃もそれに含まれるとの指摘もある[26]。Nortonによると、その標的を沈黙させたり、憲法上保護された自由を行使するか否かについての決定について強要したりするような政府言論は、政府による法整備あるいは他の規制的行為によってもたらされる有害な結果と類似している[27]。すなわち、政府が表現的な力を行使しすぎる場合は、表現の直接的な規制と同等である[28]。政府が規制権限を用いて反対意見を抑圧したら、修正1条の侵害となるが、ある条件下では、政府はその表現的な選択を通じて同じ目的を達成することができる[29]。

　Nortonによると、政府がその強制的な権限を行使するとの脅しは、実質的にその権限の行使と区別できないため、政府による言論は、それが政府に反対する話者を脅すような場合は修正1条違反となる[30]。その例として、Nortonは、Bantam Books v. Sullivan[31]を挙げる。この事件では、州の委員会が、性的にあ

からさまだがわいせつではない表現を販売する者に対して、委員会は一定の表現物について、それらを若者に対して販売することに反対しており、この点で警察と意見を共有している旨の手紙を送った。その手紙には、委員会には、わいせつ物の販売者を起訴するよう司法長官に進言する義務がある旨も書かれていた。裁判所は、それらの表現は保護された表現に対する脅しとなるため、政府に対して言論を止めるように命じた。

　Nortonは、説得は許容されるが、強要となる場合には違憲となると主張する[32]。しかし、政府言論が、いつ許容できる説得になるか違憲的に強制するかどうかについて、同意がない。事実や文脈をしっかりと検討しなければいけない。そこでNortonは、いつ、合理的な聴衆が、政府による彼女の言論への批判を脅迫と認識するかが問題となると指摘する[33]。政府の言論主体が強くなればなるほど、その言論主体が持つ強制的な力を解き放つであろう可能性を無視することが難しくなる[34]。合理的な聴衆は、図書館長や軍の病院長による言論よりは、警察による言論を脅迫的なものとして容易に経験するだろう[35]。また、表現主体が政府の権限をあからさまに訴える場合には、その言論をより脅迫的なものと受け取るだろう[36]。勧告などの手法については、合理的な聴衆の判断を基準として、これらの要素を総合的に判断するべきだろう。

　政府言論はまた、その標的に対して、表現するか否かあるいはどのように表現するのかについての彼（彼女）らの決定を変更するものでない場合ですら、表現的な害を与えることが指摘される[37]。標的となった者に対して強制するあるいは彼らが選択を変更することがないような場合であっても、表現的な害悪を与える政府言論は修正１条に反するのか。ここでいう表現的な害悪とは、対象をアウトサイダーとして扱う政府言論により引き起こされた尊厳の傷である[38]。Nortonは、Nelson Tebbeの議論を引用して、国によって、その言論がとるに足らないと思われた者は、「完全な」市民ではない何かとされてしまうからであることを指摘する[39]。Tebbeは、人々を傷つけることを避けなければならないならば政府は機能しないことを認める[40]。たとえば、たばこに反対するキャンペーンは喫煙者を傷つけ、スティグマタイズする[41]。政府が特定の見解を否定する場合、その市民を不平等なものとしているが、すべての政府言論がそのよう

な害悪をもたらすわけではない[42]。すなわち、煙草に反対する政府のメッセージは、喫煙者をとるに足らないものとみなすことはない。とはいえ、政府が持つ力を考えると、政府に対しては、私人よりも、他者の表現を批判することは控えることが求められる[43]。ただし、この要請は憲法上のものではなく、政府の権限をどのように枠づけることができるのかは難問である[44]。

（２）公表の問題点　　大阪市などいくつかの自治体の条例では、公表について定めている。大阪市の条例では、問題となった「表現活動がヘイトスピーチに該当すると認めるときは、……当該表現活動がヘイトスピーチに該当する旨、表現の内容の概要及びその拡散を防止するためにとった措置並びに当該表現活動を行ったものの氏名又は名称を公表する」（５条１項）と規定している。ただし、公表は、時には重大な不利益を与えることがあり、表現の自由に対して萎縮効果を持つものといえる。大阪市は、公表は情報提供が目的としているが、行政による公表の目的を区別することは適切ではない[45]。公表の目的だけではなく、それがもたらす不利益を考慮する必要があると指摘される[46]。たしかに、公表は直接的な法規制ではないが、Nortonのいうように、それが実質的な罰則として働く可能性も考慮に入れなければならない。このような公表の効果は、表現主体に対し萎縮効果をもたらしうる。

　大阪市の条例が憲法21条等に反して違憲であるか否かが問題となった事件で、大阪地裁は、大阪市の条例は公表を含む「拡散防止措置等によって当該表現活動が一定程度抑止され得ると考えられる」ため、「表現の自由を制限する側面を有する」ことを認めつつ、同条例は違憲ではないと判断した[47]。大阪地裁は、本件規制の目的は合理的であり正当なものであるとしたうえで、「規制を必要とする程度は高い」と述べる。

　そして、「本件各規定に基づく拡散防止措置等は、表現の内容に関する規制を伴うものであるものの、拡散防止措置等により条例ヘイトスピーチについて規制を必要とする程度は高く、また、拡散防止措置による表現の自由に対する制限は、表現活動が行われた後に、要請に応じなかった場合に制裁を伴わない拡散防止措置や、当該表現活動を行った者の氏名を把握しているウェブサイトを管理するプロバイダ等に対する当該氏名の開示を義務付ける規定を伴わない

認識等公表を行うといったものにとどまり、しかも、市長が拡散防止措置等を採るに先立ちこれが合理的なものであるか否かについて、学識経験者等により構成される附属機関に対する諮問が予定されている」と指摘して、条例が定める公表等は「公共の福祉による合理的で必要やむを得ない限度の制限である」と述べる。

また、公表が「社会的評価を著しく低下させ、表現を萎縮させるとともに、匿名により表現活動を行う者に対して表現を著しく萎縮させる」との原告の主張に対しては、「認識等公表は、対象となる表現活動が条例ヘイトスピーチに該当する旨とともに、当該表現活動を行った者の氏名又は名称を公表するものであるから、当該者の社会的評価を低下させ得るものである」ことは認めつつ、「拡散防止措置等により条例ヘイトスピーチについて規制を必要とする程度は高い一方で、拡散防止措置等が合理的なものであることについては、学識経験者等により構成される附属機関に対する諮問が原則として予定されていることに鑑みれば、認識等公表は、公共の福祉による合理的で必要やむを得ない限度の制限にとどまるものというべきである」と述べ、原告らの主張は採用できないと判断した。

このように、大阪地裁は、条例の対象となっている表現の性質（悪質性）や、意見聴取などの手続的保障がなされていることを理由に、大阪市条例を合憲としている。他方で、匿名で表現する自由が憲法21条1項で保障されていることを認め、公表が社会的評価を低下させ得ることも認めているにもかかわらず、比較的簡単に公表等の合理性を認めている。

匿名の表現については、1950〜60年代にアメリカで問題となっていた。司法長官が「全体主義者、ファシスト、共産主義者、および破壊的である」と認識した組織のリストを公開することを認めた大統領令の合憲性が争われた事件で、Felix Frankfurter裁判官反対意見が、告知と聴聞なしに公表することは、デュープロセス条項が禁止していると指摘している。大阪市や川崎市の意見聴取の機会等、手続的保障をしている点は、これらの条例の合理性を支える事由といえる。しかしながら、同事件でBlack裁判官結論同意意見が指摘するように、国家により作成されたブラックリストは、私権剥奪法に近い。また、財政

13

的、政治的あるいは宗教的な基盤を持たない団体にとっては死刑となりうる[50]。

　アメリカの例が示すように、公表は、共同体によるインフォーマルなサンクションをもたらしうるうえに、それは「表現や結社が、マジョリティの見解に反する場合に最も熾烈に働く」[51]。そのため、公表については、公衆にとっての情報の価値だけでなく、標的の表現を抑圧しようとする可能性や、第3者による報復の可能性も考慮に入れなければならないといわれる[52]。ヘイトスピーチは、標的とされるのが人種・民族的マイノリティである。しかし、ヘイトスピーチを行う集団も、「孤立した集団やある種の偏見に見舞われた団体」——すなわちある種のマイノリティ——であることもありうる[53]。上述の大阪地裁判決は、これらを十分考慮していない点で問題があるといえる。

　これまでは公表についての問題点を指摘したが、しかし公表はやはり直接的な規制ではなく、表現の自由との相克についても直接的な規制とはわけて考える必要がある。公表される可能性があるということは、ヘイトスピーチを控えることについての強力なインセンティブとなると指摘される[54]。Charlotte H. Taylorは、公表について、政府の権限は無制限ではなく、正当な立法府の任務と関連し、それを促進するものでなければならないと指摘する[55]。ヘイトスピーチ解消法が、ヘイトスピーチの悪質性を認定し、解消するように求めている以上、適正手続を保障したうえでの公表は、正当な立法目的に関連し、またそれを推進するものであると一般的には考えるべきだろう。また、地方公共団体の長による公表であり、起訴などの可能性をあからさまに訴えるものでもないことなどからも、基本的にはNortonのいう「合理的観察者が脅迫と認識するような場合」にはあたらないといえる。

　ただし、公表の範囲、方法は問題となろう。川崎市のように、行為者の氏名だけでなく住所まで公表する（川崎市差別のない人権尊重のまちづくり条例15条）ことについては、第3者による報復の可能性やサンクションとしての効果が大きいため、政策的妥当性も含めて考えるべきであろう。上述した、法務省による勧告について、原則として非公開とし、公開する場合も匿名とするとしているのは、ここまで述べてきた公表の性質に鑑みると、表現の自由に配慮した穏当なやり方であるといえる。

4　む　す　び

　本章では、ヘイトスピーチ解消法が求める非規制的施策の可能性とその限界について検討した。ヘイトスピーチ解消法に象徴されるように、日本は、ヘイトスピーチに対してアメリカ型ともヨーロッパ型とも異なる第3の道を選択したといえる[56]。非規制的施策は、表現の自由との衝突をある程度回避しつつヘイトスピーチを抑止できる手法である。

　ヘイトスピーチの悪質性は言うまでもない。しかしながら、それを規制するならば表現の自由という民主政において非常に重要な権利と衝突してしまう。多くの国では、このジレンマに悩まされつつ、それぞれの法理を形成していった。何がヘイトスピーチにあたるのか、そして規制の必要性については、それぞれの国の歴史的背景、社会的状況によって異なる。そのため、日本でこの問題を考えるにあたっては、日本の歴史的背景や社会状況を考慮する必要がある。しかし、日本では、ヘイトスピーチが社会的問題として認識されたのは比較的最近である。他方で、日本では、これまで表現の自由の保障が十分であったとはいいがたい。そのため、表現の自由との衝突をある程度回避しつつ、まずは、ヘイトスピーチは許されないとする社会的合意を形成していこうとするやり方は、次善の策であるといえる。

　しかしながら、非規制的施策を用いて、表現の自由を間接的に制約することの問題もある。非規制的施策の射程を探っておくことは、これからの日本のヘイトスピーチ対策を考えるうえで不可欠である。

1）　この対立構図を過度に強調するべきではないとの批判もある。たしかに、アメリカでは、ヘイトクライムについてはむしろ厳しく規制しており、また特定の人に向けたヘイトスピーチやハラスメントの規制も合憲とされる。これに対して、ヨーロッパ諸国でも、ヘイトスピーチを規制する法があっても、運用は表現の自由に配慮して慎重になされている。しかし本章ではこの点についてはこれ以上言及しない。

2）　この頃は、「差別的表現」という言葉が一般的に使われており、またその主たる対象は、被差別部落出身者だった。被差別部落出身者に対する差別的な表現の規制について、積極的に論じられることは少なかったが、数少ない例として鳥取県の人権救済推進

及び手続に関する条例や人権擁護法案が挙げられる。

3）　京都地判平25・10・7判時2208号74頁。

4）　本節について、詳細は拙稿「ヘイト・スピーチ解消法と政府言論──非規制的施策の可能性」福岡大学法学論叢63巻2号（2018年）495頁参照。

5）　ただし、同条が規定する不当な差別的言動以外のものであれば、いかなる差別的言動であっても許されるとの理解は誤りである旨明言している衆議院法務委員会および参議院法務委員会の附帯決議がある。

6）　たとえば、解消法の起草に携わったある議員は、「この理念法で理念として、もうこのような排斥することを扇動する言動というのはこれは許されないということを理念として訴えた、それに文脈上該当するようなものはこれは広く捉えるということが、理念法であるが以上のこの立て付けになっております」と述べている。第190回国会参議院法務委員会　会議録第10号（2016（平成28）年4月26日）19頁。このように、同条の定義については厳格に解釈されないことが前提となっている。

7）　第190回国会参議院法務委員会会議録第8号（2016（平成28）年4月19日）9-10頁。

8）　政府言論については多くの文献があるが、さしあたり横大道聡『現代国家における表現の自由──言論市場への国家の積極的関与とその憲法的統制』（弘文堂、2013年）第3部を参照。

9）　毛利透ほか『憲法Ⅱ──人権〔第2版〕』（有斐閣、2017年）219頁〔毛利透執筆〕。

10）　法の表現的な効果についてはCass R. Sunstein, "On the Expressive Function of Law", *University of Pennsylvania Law Review*, vol. 144（1996), p. 2021等を参照。

11）　以下の記述は、筆者が2020年3月16日に行ったインタビューに基づく筆者の理解である。インタビューに応じてくださった法務省人権擁護局の山口聡也総務課長をはじめとする方々にはこの場を借りてお礼申し上げる。

12）　法務省人権擁護局は、ヘイトスピーチの範囲について、地方公共団体に対して以下の趣旨の「参考情報」を示すなど、表現の自由への配慮をみせている。

　　　　個別具体の言動が、「本邦外出身者に対する不当な差別的言動」に該当するか否かは、「差別的言動解消法」の趣旨を踏まえて、当該言動の背景、前後の文脈、趣旨等の諸事情を総合的に考慮して判断されることになると考えられる。すなわち、同一の文言であれば、常にその該当性の判断に変わりはないというものではなく、諸事情を勘案することにより、「本邦外出身者に対する不当な差別的言動」に該当するか否かの判断が異なることは当然あり得ると考えられる。

　　　　したがって、個別具体的な状況をふまえずに、あらゆる種類の言動についてその該当性を網羅的に示し、あるいはすべての言動の該当性の判断が可能となる具体的基準を示すといったことは、そもそも困難であると言わざるを得ない。

13）　第3回ヘイトスピーチ対策専門部会配布資料より（http://www.moj.go.jp/content/001308187.pdf, last visited 19 May 2020）。

14）　法務省人権擁護局編『令和元年度版人権の擁護』36頁以下。

15）　本件では、デモ主催者が、「日本をきれいにしなきゃだめなんですよ。ああいう奴らをたたき出してな、もうさ、きれいなデモとか俺たちは言わねえぞ。徹底的にやり返してやるからよ。」、「絶対に許さないからよ。じわじわじわじわ真綿で首絞めてやっから

よ。1人残らず日本から出て行くまでな。」などと怒号するとともに、「川崎の桜本が日本であることが理解不能な頭の悪い反日勢力は日本から出て行け。」などと、スピーカーや拡声器を用いるなどして述べた。『「川崎市差別のない人権尊重のまちづくり条例」解釈指針』(http://www.city.kawasaki.jp/250/cmsfiles/contents/0000113/113041/sisinn2.pdf, last visited 19 May 2020) 33頁参照。

16)　ただし、法務省が委託した調査によると、ポスターなどの広告を用いた啓発活動については、「人権週間」などの一般的かつ抽象的なものに比べ、「ヘイトスピーチを許さない」などの特定・具体的なテーマについては効果が比較的高くなる。また、広告に比べて、資料は読むこと自体についての負荷が重くなるが、その反面、丁寧に解説されていることから、その効果は大きくなる。これらの調査の積み重ねが必要となるだろう。

17)　いくつかの地方公共団体は、公の施設の利用について条例あるいはガイドラインを作成して対応している。公の施設の利用を拒否できるかは重要な論点ではあるが、本章ではこの点については言及しない。この点も含めて、詳細は本書第5章を参照。

18)　福岡県HP (http://www.pref.fukuoka.lg.jp/contents/stop-hate.html, last visited 19 May 2020) 参照。

19)　成原慧『表現の自由とアーキテクチャ——情報社会における自由と規制の再構成』(勁草書房、2016年) 59頁。

20)　成原・前掲注(19)71-72頁。

21)　Nelson Tebbe, "Government Nonendorsement", *Minnesota Law Review*, vol. 98 (2013), pp. 648, 649.

22)　Mark G. Yudof, "When Government Speak: Toward a Theory of Government Expression and the First Amendment", *Texas Law Review*, Vol. 57 (1979), pp. 863, 891.

23)　Helen Norton, *The Government's Speech and the Constitution*, Cambridge University Press 2019, p. 157.

24)　*Ibid.*

25)　毛利透「ヘイトデモ禁止仮処分命令事件」毛利透ほか『憲法訴訟の実践と理論』(判例時報社、2019年) 3、11頁。

26)　Norton, *supra* note 23, p. 159.

27)　*Ibid.*

28)　*Ibid.*

29)　*Ibid.*, p. 160.

30)　*Ibid.*

31)　372 U.S. 58 (1963).

32)　Norton, *supra* note 23, p. 161.

33)　*Ibid.*

34)　*Ibid.*

35)　*Ibid.*

36)　*Ibid.*

37)　*Ibid.*, p. 169.

38)　*Ibid.*

39）　*Ibid.*（citing Tebbe, *supra* note 21, p. 686）; この点はJeremy Waldronが指摘するヘイトスピーチの害悪に近い。See, Jeremy Waldron, *The Harm in Hate Speech*, Harvard University Press, 2012; なおWaldronの議論については本書第9章参照。この点からも、政府が特定の表現を否定することは、上述の毛利の指摘にあるように、そのような価値判断を行うことが「人権保障の理念にかなう」ような場合に限定されなければならない。毛利・前掲注（25）11頁。

40）　Tebbe, *supra* note 21, p. 666.

41）　*Ibid.*, p. 667.

42）　*Ibid.*, p. 668.

43）　Norton, *supra* note 23, p. 170.

44）　*Ibid.*

45）　天本哲史『行政による制裁的公表の法理論』（日本評論社、2019年）30-31頁。

46）　天本・前掲注（45）31頁。

47）　大阪地判令2・1・17判自468号11頁。なお、控訴審も同条例は「合理的で必要やむを得ない程度の制限」であるとして、控訴を棄却した。大阪高判令2・11・26（2020WLJPCA 11266002）。

48）　Joint Anti-Fascist Refugee Committee v. McGrath, 341 U.S. 123, 149-175 （Frankfurter, J., dissenting）（1951）.

49）　*Ibid.*, pp. 143-144 （Black, J., concurring）.

50）　*Ibid.*, p. 142 （Black, J., concurring）.

51）　成原・前掲注（19）196-198頁。

52）　Norton, *supra* note 23, pp. 165-166.

53）　駒村圭吾「ヘイトスピーチ規制賛成論に対するいくつかの疑問——憲法学的視点、政治学的視点、哲学的視点のそれぞれから」金沢法学61巻1号（2018年）228、235-236頁。なお、これはあくまでもヘイトスピーチを行う個人または集団と、公権力または市民の多数派との関係からの視点である。

54）　Charlotte H. Taylor, "Hate Speech and Government Speech", *University of Pennsylvania Journal of Constitutional Law*, vol. 12 （2010）, pp. 1115, 1171.

55）　*Ibid.*, p 1172.

56）　2019年に制定された川崎市の条例が罰則を定めているが、同条例では、ヘイトスピーチにあたる活動をした場合に即罰則を科すのではなく、市の勧告（1回目）および命令（2回目）に従わずに同様の行為を繰り返した場合にのみ罰金を科すとしている。また、意見聴取の機会を保障するなど、手続も厳格にしている。条例制定権の限界という側面もあるだろうが、それでもやはり非規制的施策を用いるという方針からの大きな逸脱はないとみるべきだろう。

＊本章はJSPS科研費JP19K13512の成果である。

第2章

ヘイトスピーチに対する差止め請求に関する一考察
——事前抑制禁止の法理との関係を中心に——

梶原健佑

1　はじめに

　我が国の法学がヘイトスピーチを本格的に取り扱い始めてから10年余が経過した。2016年には所謂ヘイトスピーチ解消法（以下、「解消法」という）が成立したものの、禁止や処罰の規定を含まない理念法に止まり、現在の法制度の下では不法行為を理由とする損害賠償請求訴訟が有効な対処法となっている[1]。特定の被害者に対して向けられた一定のヘイトスピーチに関しては、損害賠償の支払いを命じることを通じた話者に対する法的責任追及が可能で、また、（反射的なものとはいえ）不法行為法がもつ抑止機能により、将来のヘイトスピーチ被害が減少する可能性も見込まれる。とはいえ、この抑止は確実なものではないため、将来の被害を確実に未然防止するべく、裁判所に差止めを請求する例も見られる。このヘイトスピーチに対する差止め請求の可能性と限界とを探る前段の作業として、本章は、事前抑制禁止の法理との関係性に焦点をあてる。なぜなら、仮に事前抑制該当性が肯定されるならば、憲法の要請により、このアプローチの潜在力は弱まるものと考えざるを得ないからである。以下では、ヘイトスピーチに対する差止め請求を、ヘイトメッセージを含む表現物等（以下、「ヘイト表現物」という）の差止め請求とヘイトデモ等の差止め請求とに分けながら検討を進めることにする。

2　ヘイト表現物の差止め

1　全国部落調査事件

　ヘイトメッセージを含む表現物の差止め請求が認められた事例とは異なるが、興味深い関連事案がある。事件は、2016年に示現舎による『全国部落調査』の復刻版の刊行が発表されたことに端を発する。『全国部落調査』は『部落地名総鑑』の情報源の一つとされる調査報告書で、被差別部落の地名、戸数、人口、生活程度等を戦前に網羅的かつ詳細に調査した結果が記されており、復刻版では、これらに現在地との対応関係情報が付記されることになっていた。この予告を受けて部落解放同盟とその構成員である個人5名が、横浜地裁に出版・販売・頒布を禁じる仮処分申立を行ったところ、債権者の求めた通りの仮処分決定が下された（以下、「第1事件」という）。さらに、全国部落調査の内容と現在地との対応情報、解放同盟の役員らの氏名、住所、電話番号、生年月日、勤務先および出生地等の情報を、示現舎の代表Yが開設、運営管理するウェブサイト上で公表していたことから、同じ原告が横浜地裁相模原支部にサイト内記事の削除、将来のサイトへの掲載禁止、出版・放送等による公表の禁止を申し立て、これを認める仮処分が命じられた（以下、「第2事件」という）[2]。以下では、仮処分命令の根拠とされた被保全権利に関する判断と保全の必要性に関する裁判所の判断につき、個人債権者の局面に限定して紹介する。

　（1）第1事件　　当該著作物の出版・販売・頒布を禁じた仮処分に対する保全異議審の横浜地裁はまず、石に泳ぐ魚事件最高裁判決[3]の参照を求めながら[4]、差止めの可否は得られる利益と失われる利益を比較衡量して決すべきで、侵害行為が明らかに予想され、その侵害行為によって被害者が重大な損害を受けるおそれがあり、かつ、その回復を事後に図るのが不可能ないし著しく困難になると認められるときに差止めが肯認されると述べた。同和地区出身の基本事件個人債権者らは、被保全権利として人格権に基づく差止め請求権を持ち出した。具体的には、人格権の内容として「プライバシー権及び名誉権」、そして「憲法14条の趣旨に鑑み、社会的身分又は門地によって差別されない権利」を

挙げ、当該出版予定物が出版、頒布等されれば各権利が侵害されると主張した。これに対して横浜地裁は、債務者が一貫して全国部落調査の復刻を内容とした出版を企図していることから「侵害行為が明らかに予定されると認められる」ところ、「ひとたび本件出版予定物の出版等がされた場合には、部落地名総鑑と同様の利用がされることにより、同和地区出身者の就職の機会均等に影響を及ぼし、更には、様々な差別を招来し、助長するおそれが高く、かつ、一旦差別を招来した場合には、その性質上、これを事後的に回復することは著しく困難である」、「出版等されることにより、差別行為による種々の損失を被るおそれがあり、これを事後的に回復することは著しく困難である以上、本件においては、保全の必要性を肯認することができる」とした。また、「個人債権者らは公的立場にある者ではなく、本件出版予定物に記載されている表現内容は、公共の利害に関する事項でもない」として、「本件出版予定物の出版等は、個人債権者らの人格権に対する侵害行為である」と判断した。保全抗告審の東京高裁決定も同様の判断を維持しているが、[5] 本件出版等が「人格権（不当に差別されずに生活する法的利益）に対する侵害行為」であると表現を修正し、「差別の原因はその使い方にあるから……出版等を禁止する理由はない」との示現舎の主張に対しては、「ひとたび本件出版予定物の出版等されたならば、部落地名総鑑と同様の利用がされることが予想され、そのために基本事件個人債権者らの人格権が侵害されるおそれが認められる」として差止め請求権を認めている。

（2）**第2事件**　　第2事件の保全異議審決定も、[6] 石に泳ぐ魚事件判決を引きつつ人格権に基づく侵害行為の差止めの許否の基準を明示する点、全国部落調査の内容をインターネット上に掲載することに対する具体的判断は、第1事件と同じである。さらに、個人債権者らの様々な個人情報を記載する部分については、プライバシー権に基づく差止め請求の可否が検討されている。具体的には、Googleに過去の前科に係る検索結果情報の削除が求められた事件の最高裁決定を引用しつつ、[7]「当該事実を公表されない法的利益が優越することが明らかな場合には、当該記事のインターネット上での公開の差止めを求めることができる」と基準を定立した上で、「引き続き公開された場合には……個人債

権者らに対する様々な差別を招来し、助長するおそれが高く、かつ、一旦差別を招来した場合には、その性質上、これを事後的に回復することは著しく困難であることが認められ」、他方で、個人債権者が公的立場になく、当該情報が公共の利害に関する事項でもなく、これをネット上で公開すべき必要性を裏付けるだけの疎明もないとして、差止め請求権を認めている。保全抗告審の東京高裁決定も原決定を概ね維持した。注目すべき補正は、「抗告人は、地名の公開が個人の人格権の侵害に結びつくというのは異例と指摘するが、同和問題においては、本来、人の人格的価値がその生まれた場所や居住している場所等の地名によって左右されるべきではないのに同和地区出身者であるということだけで差別的な取扱いを受けることがあるという点が問題なのであり、個人相手方らには、このような不合理な差別を受けないという人格的利益が認められるというべきである」との一文が追加された点である。

2　検　討

（1）被保全権利　第1、第2事件で裁判所はいずれも、被差別部落の地名や所在地等の情報につき、被差別部落出身者の人格権に基づく差止めを認めている。この人格権の具体的内容につき、第1事件の東京高裁決定は「人格権（不当に差別されずに生活する法的利益）」と表現し、第2事件の東京高裁決定は被差別部落出身者に「不合理な差別を受けないという人格的利益」が認められると述べている。かかる判示を捉えて、金子匡良は、裁判所による「差別されない権利」の受容に向けた前進と評価している。金子は、「偏見や差別意識にもとづく不当な言動、およびそれを助長するような行為を広く『差別』ととらえ、それらの排除や予防を求める権利を『差別されない権利』として新たに構成する必要がある」という。こうした「差別されない権利」が人格権の一内容として仮に今後認められていくならば、ヘイトスピーチに対する民事救済は容易になり、ヘイトスピーチによって害される法益を既存の保護法益に引き付けて見出そうとしている議論状況は一変するであろう。

　ただし、「差別されない権利」の考え方は、不利益取扱いを核とする従来の差別概念を変容させるものであり、その内容・性質等に関し多方面から重層的

な検討が必要と考えられる。また、仮に同権利を肯定するにしても、具体的な表現と「差別されない権利」侵害との関連は慎重に検討されるべきであろう。とくに、特定個人に向けられていない集団に対する差別表現の場合に、当該表現によってその集団の構成員全員の差別されない権利の侵害が発生したと解してよいのか、また、個々の構成員に損害賠償請求等を認めるだけの損害が発生したと認めるのか、といった点が丁寧に検証されるべきである[10]。

（2）差止めの要件　　本事件の各決定は、表現物の差止めの憲法適合性に関する幾つかの最高裁判例をもとに判断している。周知のように最高裁は北方ジャーナル事件[11]において、出版物の頒布等の事前差止めが事前抑制に該当するとし、「厳格かつ明確な要件のもとにおいてのみ許容されうる」と判示した。同判決では、表現「対象が公務員又は公職選挙の候補者に対する評価、批判等の表現行為に関するものである場合」、名誉毀損を理由とする事前差止めは、「その表現内容が真実でなく、又はそれが専ら公益を図る目的のものではないことが明白であつて、かつ、被害者が重大にして著しく回復困難な損害を被る虞」が証明されない限り許されない、との実体的基準を定立した。しかし、これ以降、表現物を「自由市場に出る前に抑止」する、純粋な事前差止めについてその許容条件を示した最高裁判決は存在しないと言うべきで、判例蓄積による「厳格かつ明確な要件」の具体化が順調に進んできたとは言い難い。

　たとえば、公的立場にない者の人格権（名誉権等）に基づく出版差止めが問題になった石に泳ぐ魚事件では、小説は既に公表済みであり、慰謝料の支払いと併せて将来の出版差止めの可否が争われたが、最高裁判決は差止めが認められる実体的要件を明確には示していない。原審東京高裁の判断を「侵害行為の対象となった人物の社会的地位や侵害行為の性質に留意しつつ、予想される侵害行為によって受ける被害者側の不利益と侵害行為を差し止めることによって受ける侵害者側の不利益とを比較衡量して決すべきである。そして、侵害行為が明らかに予想され、その侵害行為によって被害者が重大な損失を受けるおそれがあり、かつ、その回復を事後に図るのが不可能ないし著しく困難になると認められるときは侵害行為の差止めを肯認すべき」とまとめつつ、その判断に違法はないと結論を述べるだけである。最高裁自身の口からは明言されていない

ものの、高裁判決に異を唱えていない点をみると、「個別的な利益衡量論」＆「重大で著しく回復困難な損害を被らせるおそれ」で差止めを認めるとの趣旨かと推測される。ここでは、債務者が本案勝訴を得られないことが明白であるとの要件は求められていない。これに対して、Google 検索結果削除事件最高裁決定では、「検索結果の提供は検索事業者自身による表現行為という側面を有する」ことに触れながら、プライバシー侵害を理由とするネット上の検索結果情報の削除を仮処分として命じるためには、「当該事実を公表されない法的利益と当該 URL 等情報を検索結果として提供する理由に関する諸事情を比較衡量し……当該事実を公表されない法的利益が優越することが明らか」でなければならない、としている。[12] こちらでは「優越の明らか」さが求められる一方、損害の重大性や著しい回復困難性は独立の要件としては求められていない。[13]

　全国部落調査事件は、第 2 事件のうちウェブ上に存在する情報の削除を命じた部分では Google 検索結果削除事件に、第 1、第 2 事件双方で、将来の公表行為（出版・頒布・販売、ウェブサイトや出版物への掲載・放送・映像化等）を禁じた部分では石に泳ぐ魚事件に近いといえる。後者につき、本事件の 2 つの保全異議審決定はともに、「人格的価値を侵害された者は……現に行われている侵害行為を排除し、又は将来生ずべき侵害を予防するため、侵害行為の差止めを求めることができる」と述べて、本件を、既に「侵害された」者が将来の侵害予防のために差止め請求する事案と確認する。その上で、「侵害行為の対象となった人物の社会的地位や侵害行為の性質に留意しつつ、予想される侵害行為によって受ける被害者の不利益と侵害行為を差止めることによって受ける侵害者側の不利益とを比較衡量して決すべきで……、侵害行為が明らかに予想され、その侵害行為によって被害者が重大な損害を受けるおそれがあり、かつ、その回復を事後に図るのが不可能ないし著しく困難になると認められるときは侵害行為の差止めを肯認すべきである」と基準を立てた。これは、明白性を求めない一方、損害賠償を認める要件よりは若干高いレベルを設定するもので、決定自身が明示的に参照するように、石に泳ぐ魚型の枠組みである。

　（3）ヘイト表現物の事前差止めと全国部落調査事件　　ここまで全国部落調査事件の決定を分析してきたが、これを、ヘイトメッセージを含む表現物の事前差

止め全般にそのまま応用できるかには疑問が多い。理由の第一は、この事件を "ヘイトスピーチの差止め" が認められた事件と評価してよいのか、疑義を挿む余地があるからである。というのも、差止めが認められたのは、被差別部落出身者を侮辱したり不利益取扱いを煽ったりする表現ではなく、被差別部落の所在地等の情報の公表であった。金子匡良はこれを「差別を助長するような行為」と捉えているものと想定されるが、「差別を助長する表現」の中には相当広範な内容が含まれると思われ、ヘイトスピーチの定義内にこれらの全てを包摂すれば、ヘイトスピーチの輪郭はぼやけてしまう。また、具体的な不利益取扱い等を生じさせたかを責任発生の要件とすることなく、第三者がそうした行為に及ぶかもしれないとの理由により表現を制約することには慎重さが求められよう。本事件では、全国部落調査の内容と個人債権者5名に生じる具体的侵害——第1事件東京高裁決定の表現によれば「不当に差別されずに生活する法的利益」侵害[14]——との因果関係は詳しく分析されてはおらず、過去の部落差別の実態、同和対策事業等の対策の経緯、部落差別解消法の成立、そして近年も法務省人権擁護機関が同和問題に関する人権侵犯事件に対応していること等に照らして、当該情報の公表が個人債権者らの人格権に対する侵害行為にあたると解されている。しかし、かかる認定は、日本社会における被差別部落所在地情報が有する歴史的・文化的な特殊性に鑑みてのものであり、事例に即した判断として、過度な一般化は控えられるべきように思われる。

　理由の第二は、（2）で検討したように、全国部落調査事件はヘイト表現物の純粋な "事前" 差止めの要件を検討したものとは評価できないためである。これまでヘイトスピーチを行ったことがない者が新規にヘイト本の出版を予告し、これに対する出版差止めの仮処分を申し立てるという場合には、裁判所が差止めを認める要件は全国部落調査事件のそれとは別様に考えられなければならないであろう。純粋な事前差止め事案に対して、疎明に基づく比較衡量で臨めばよいとするべきではないし[15]、手続き上も、債務者審尋の例外（民事保全法23条4項但書）は極めて限定的に解されなければならない[16]。

3　ヘイトデモ等の差止め

1　過去の裁判例の分析

次に、ヘイトデモ等の差止めについての検討に移る。本節では、在特会の構成員らによる京都朝鮮第一初級学校への示威活動等について、不法行為に基づく損害賠償の支払いと同種行為の差止めが命じられた「京都事件」と、川崎市内において度々在日コリアンの排斥を訴えるデモを行ってきた団体の中心メンバーに対し、債権者である社会福祉法人事務所の周囲でのヘイトデモの禁止が命じられた「川崎事件」を検討の素材とする。

（1）判断の概要　　京都事件一審では、被告らの行為につき名誉毀損と業務妨害の不法行為の成立が認められ、さらに、被告らが仮処分決定後もこれを無視して示威活動を繰り返し、今後も繰り返す意思を示していること等を考慮すると、再び同様の業務妨害や名誉毀損がなされる具体的なおそれが認められるとして、「名誉や平穏に日常業務を営む人格的利益」に対する不作為義務の履行請求権の発生が認められ、差止めが肯定された[17]。差止めの根拠となる法益が不法行為のそれと対応していることを確認しておきたい。二審ではさらに「学校における教育業務として在日朝鮮人の民族教育を行う利益」も加えられた[18]。

川崎事件決定では、被保全権利に絡んで「専ら本邦の域外にある国又は地域の出身であることを理由として差別され、地域社会から排除されない権利」に言及されるものの、「その住居において平穏に生活する権利、自由に活動する権利、名声、信用を保有する権利」という一群の権利（人格権）へと繋がる一種の土台的・背景的権利として構成されている[19]。決定は、この人格権を社会的実体を持って活動する法人も同様に保有するとして、「事業所において平穏に事業を行う人格権」を、差止めを直接根拠づける権利と位置づけている。さらに、「本邦外出身者が抱く自らの民族や出身国・地域に係る感情、心情や信念は、それらの者の人格形成の礎を成し、個人の尊厳の最も根源的なもの」との認識をもとに、（ⅰ‐1）ヘイトスピーチ解消法2条にいう差別的言動と認定されれば、住居において平穏に生活する人格権の侵害としての不法行為を自動的

に構成し、（ⅰ-2）侵害の程度が顕著であれば差止め請求権が認められるという論理を採用し、（ⅱ）保全の必要性については、「債権者の人格権の侵害に対する事後的な権利の回復は極めて困難であると認められ、これを事前に差し止める緊急性は顕著である」と判断した。（ⅱ）では高いレベルを求めているかにみえるが、（ⅰ-1）の構成は、解消法が理念法であることを顧みるとき、粗雑に過ぎると評したいところである[20]。

（2）差止めの対象・範囲　次に、命令の具体的内容をみる。実際に差止められた活動のうちヘイトスピーチに関わる部分をみると、京都事件では、①学校の門扉を基点に半径200mの範囲内において、②「拡声器を使用し、又は大声を上げるなどして、原告を非難、誹謗中傷するなどの演説をしたり、複数人で一斉に主義主張を大声で唱えること（いわゆる「シュプレヒコール」）」「原告を非難、誹謗中傷する内容のビラの配布」「原告を非難、誹謗中傷する内容の文言を記載した旗や幟を上げての佇立又は徘徊」を、③自ら行為することはもちろん、所属会員や支援者等の第三者をして行為させることも禁止された。

川崎事件では、①債権者事務所の入口から半径500m以内を、②「デモしたりあるいははいかいしたりし、その際に街宣車やスピーカーを使用したりあるいは大声を張り上げたりして、『死ね、殺せ。』、『半島に帰れ。』、『一匹残らずたたき出してやる。』、『真綿で首絞めてやる。』、『ゴキブリ朝鮮人は出て行け。』等の文言を用いて、在日韓国・朝鮮人及びその子孫らに対する差別的意識を助長し又は誘発する目的で公然とその生命、身体、名誉若しくは財産に危害を加える旨を告知し、又は名誉を毀損し、若しくは著しく侮辱するなどし、もって債権者の事業を妨害する一切の行為」を、③債務者が債権者に対して自らなすこと、または、第三者をして同行為を行わせることが禁じられた[21]。

場所が限定されていること、態様の例示が行われたこと（川崎事件決定は用いる表現の文言まで例示されている）、債権者当人のみならず第三者をして行為させることも禁止されたことが共通する。他方、京都事件では学校がターゲットになっていた過去の活動への評価をもとに近隣での同種行為の差止めが認められたのに対して、川崎事件では過去のデモは社会福祉法人に直接向けられたものではなかった点では相違があり[22]、その結果、京都事件では禁止が原告への非

難、誹謗中傷に限定されているのに対して、川崎事件では在日コリアン一般に対するヘイトメッセージの発信が禁じられている[23]。

（３）表現の自由との関係　　京都事件一審は、表現の差止めであれば北方ジャーナル事件判決の法理が妥当するとの主張に対し、「被告らによる表現行為そのものを差止めるものではな〔い〕」、「場所を限定し、かつ、業務妨害あるいは名誉毀損となり得る表現行為のみを制限するにすぎない」として、「北方ジャーナル判決は、この程度の不作為義務の給付をも違法とするような法理を述べるものではな」いとdistinguishしてみせる。二審はより端的に、「本件活動は、被控訴人の本件学校における教育業務を妨害し、被控訴人の学校法人としての名誉を著しく損なうものであって、憲法13条にいう『公共の福祉』に反しており、表現の自由の濫用であって、法的保護に値しないといわざるを得ない」と断ずる。両判決とも、当該差止めが原則的に禁止される事前抑制に該当するか否か、例外的許容条件は何かにつき、詳しく探究する姿勢は希薄なようにみえる。

　これに対し川崎事件決定では、もう少し表現の自由への配慮が見られ、「その人格権の侵害行為が、侵害者らによる集会や集団による示威行動などとしてされる場合には、憲法21条が定める集会の自由、表現の自由との調整を配慮する必要があることから、その侵害行為を事前に差し止めるためには、その被侵害権利の種類・性質と侵害行為の態様・侵害の程度との相関関係において、違法性の程度を検討するのが相当である」と述べて、事前の差止めを認めるには顕著な違法性が求められることが示唆される。しかし、当該地域の事情を知りながら、解消法２条に該当する差別的言動を街宣車・スピーカーを使う等して行えば、「顕著な違法性」の要件は直ちに充足され、「もはや憲法の定める集会や表現の自由の保障の範囲外であることは明らか」と断じられることになる。決定文中には、「著しい損害が生じる現実的な危険性」、「看過することのできない悪質性」、「事前に差止めるべき必要性は極めて高い」、「事後的な権利の回復は極めて困難」、「事前に差し止める緊急性は顕著」等の言辞が並び、これらは厳格な基準を示唆するものの[24]、それら一つ一つが充足されるべき要件と考えられているのかは曖昧である。

2　疑問点と仮説

してみると、表現の要素を含む行為の差止めであるにもかかわらず、諸裁判において表現物の事前差止めのように事前抑制禁止の法理との関係が丁寧に議論されてこないのは何故か、という疑問が生ずる。その理由として、ひとまず2つの仮説を立ててみたい。まず、両事件は表現物ではなく、ヘイトメッセージを含んだ表現活動（expressive activity）の差止めである点で共通しており、「事前抑制禁止の法理は表現物に対してのみ当てはまる」という仮説である[25]。あるいは、両事件で差止めの対象とされた行為と同種のものが過去になされ、近い将来にも再度行われることが予測されていた点で共通していることから、「反復継続される行為の差止めには事前抑制禁止の法理が及ばない」という構成の可能性もある。なお、第二の仮説に関連して、京都事件では過去の活動の不法行為該当性が本案訴訟の中で判断された上での差止めであるのに対して、川崎事件は仮処分の事案で、決定文中も含め、過去のヘイトデモに対する確定的な法的判断はなされていない点に留意しておきたい[26]。以下、これらの仮説につき、アメリカでの議論を確認しつつ、簡単に検討を加えていく。

4　デモと事前抑制禁止の法理

アメリカでも、裁判所の差止め命令と言論の自由を保障する合衆国憲法修正1条との関係は判例・学説において長く議論されてきた。その議論の蓄積の詳細をこの小稿で跡付けることは不可能であるが、議論の端緒となったNear v. Minnesota[27]以来、原則的には裁判所の差止め命令は事前抑制（prior restraint）にあたる、と考えられてきた。Near事件で争われた法制度は些か特異なものであり、同判決は差止め命令と事前抑制とを一般的に結びつける判断を示しているわけではなかったけれども、その後の合衆国最高裁は、特定内容の発表を禁ずる差止め命令について、行政権による許可制と同様、検閲・事前抑制の問題として扱ってきた。事前抑制とは特定のコミュニケーションが発せられる前に行政および司法がそれを禁じることであり、「差止め命令は、それがまさに将来の表現を禁止するものであるとき、事前抑制として扱われる[28]」と解された[29]。

アメリカでは事前抑制には強い違憲の推定が働くといわれてきたため、言論に対する差止め命令も推定上違憲とされ、これを覆そうとする側には重い立証責任が課せられるとされてきた。また、事前抑制の手続的な許容条件に関して[30] Freedman判決が示した法理（Freedman rule）が重視されており、以下で扱う2[31]つの事件でも同判決が引用されている。映画の事前検閲制の修正1条適合性が争われたFreedman事件において合衆国最高裁は、事前抑制に求められる3つの要件を明らかにした。すなわち、（a）事前抑制を行う政府の側に当該表現が憲法上保護されないものであることを立証する責任があり、（b）許可を与えるか、裁判所へ審査を求めるかのいずれかを短期間のうちに決定しなければならない建付けとなっており、（c）事前抑制の許否を決する司法上の最終決定が迅速に与えられる仕組みがあれば違憲とならない、との定式化である。では、こうした諸法理は、表現物のみならず集会やデモの差止めに及ぶのだろうか。以下、ヘイト集会・デモの差止めをめぐる2つの事例を取り上げてみる。

（1）Carroll事件[32]　ひとつめの事件は、1966年8月6日にメリーランド州のプリンセスアンで、とある白人至上主義団体が集会を開催したことが発端となった。団体は拡声装置を用い、その表現内容は黒人やユダヤ人に対する積極的で戦闘的なほど人種差別的なものであった。集会が1時間以上続く間に聴衆は当初の50人から150人ほどに増え、その内の25％が黒人だったためか、集会の進行につれて緊張は高まり、60人ほどの警察官が集められるに至った。団体は翌日の夜に再度集会を開くことをアナウンスし、集会を終えた。

　裁判所は郡や町の申請に応じて禁止命令（restraining order）を発給した。命令は、郡内で郡の市民たちを混乱させ危険に晒す傾向をもった集会を開くことを団体に10日間禁止した（この命令により、7日の集会は非開催となった）。月末には巡回裁判所により差止め命令（injunction）が発せられ、禁止はさらに10か月間延長されたが、州控訴裁は、10日間の禁止命令を支持する一方、10か月間の禁止は不合理であり、市民の混乱と暴動に関する明白かつ現在の危険が10か月続くと仮定することは恣意的であるとして、これを覆している。

　命令は事前抑制に該当し修正1条違反である等と主張する団体側の上訴を受けた合衆国最高裁は、この命令を憲法違反と判断した。しかし、その理由は、

命令発給に至る手続の不適切さを非難するものであった。というのも、最初の命令発給までの間、裁判所は団体側に一切の通知を行わず、手続への参加を促す非正式の努力すら払っていなかったのである。合衆国最高裁は事前抑制は強い違憲の推定を受けると述べ、Freedman判決にもふれながら、この推定が仮に何らかの形で覆される可能性のある場合でも、検閲の危険を回避するために周到に設計された厳密な手続保障が与えられなければならないと述べ、一方的手続きで発給された最初の禁止命令は許容できない、と結論づけた。

（2）Skokie事件[33]　Skokie事件はヘイトスピーチ裁判としてよく知られているが、ここでは差止めの問題に限って、事実関係を確認しておきたい。7万の人口の内4万余がユダヤ教またはそこに祖先をもつ人々によって構成され、その中にはホロコーストのサバイバーも数百人おり、親族がナチスに殺された数千人が含まれるイリノイ州スコーキー村は、アメリカ国家社会主義党のデモが告知されるや、1977年4月27日に郡巡回裁判所にこれを差止めるよう請求した。聴聞を経て裁判所は、党とそのメンバーらが5月1日に、村内で、鉤十字のついた党の制服を着しパレードすること、ユダヤの信仰または祖先をもつ人々に対する憎悪を刺激・促進する内容のパンフレットを配布したり掲示したりすること等を命じた（emergency injunction）。4月30日には、裁判所の更なる判断が下されるまでの間は禁止を延長する旨の命令の修正が行われた。命令の執行停止の申し立てもなされたが、州最高裁はこれを拒否した。

　ところが、合衆国最高裁はこの州最高裁の判断を覆し、再審理のために差した[34]。その理由として、この種の制約を課そうとする場合にはFreedman ruleの（c）から導かれる上級審による迅速な審理・確定判断が必要であるとし、厳格な手続的保護を与えなければならないと論じている。

　差戻し後の州控訴裁判所[35]では、事前抑制を許すだけの正当化、つまり、強い違憲の推定を覆すだけの立証に当局が成功したか否かが争点となり、結論において、鉤十字を身につけるか携行するかして行進、歩行、パレードすること、または、他の方法で掲示することの差止めだけが合憲とされた[36]。そこでは、鉤十字が、ユダヤの住民の家や礼拝施設に近接した場所に故意に持ち込まれた場合には、ユダヤの信仰・祖先をもつ人々に本来的に暴力的反応を余儀なくさせ

る蓋然性をもつシンボルであり、サバイバーにとっては記憶に留められた大量虐殺を思い出させるために個人攻撃的な侮辱となって、その反応をより惹起しやすく、保護されない言論である挑発的言辞（fighting words）に該当すると判断された。また、Beauharnais判決を引きながら、人種的・宗教的憎悪に基づく侮辱の言葉は保護されないと議論を補強した。州控訴裁のこの判断の背後には、保護されない言論の差止めは修正１条により禁じられないとの前提が控えていたはずである。

　州最高裁も本件が言論の自由の権利に対する事前抑制の事案であることを当然視した上で、控訴裁が合憲とした差止めについて論じている。最高裁は鉤十字が村のユダヤ系住民にとって嫌悪すべきものであって、サバイバーにとってはその掲示で強烈に感情が乱されること、自由な国家にとって不快なものであることを認めつつ、しかし、だからといって「そうした要素が被告らの言論を禁ずることを正当化しないことは明らか」とする。さらに、聴衆が暴力的な反応に出るということは規制を正当化せず、本件ではデモが予告されており、鉤十字等を不快と感じる人々はデモを避けることができる以上尚更だという。偶然出くわす人に関しては、プライベート領域への侵入や囚われの聴衆の状況がない限り、目を背けるのが本来的には求められる対応だ、と述べている。

　（３）小　括　　いずれの事件でも各裁判所は、ヘイト集会・デモを裁判所が差止めることが事前抑制にあたることを前提に議論していることが注目され、アメリカでは、強い違憲の推定を覆して差止め命令を合憲とするために、実体・手続両面で厳しいハードルが課せられていることが分かる。まず、手続面に関しては、Carroll事件がFreedman ruleの３要件そのものではなく、告知聴聞や双方審尋といった、それらの背後に確固として存在しているはずの基本的なデュー・プロセス観に照らして違憲の判断を導いており、この点は我が国の債務者審尋の例外の許否を考える上で参考になる。Skokie事件では実体面も扱われたが、許容条件の詳細は明らかにされていない。囚われの聴衆の状況であるかが考慮要素となる旨を示唆する傍ら、ホロコーストのサバイバーに鉤十字を見せるという特殊な意味あいをもつ差止め事案であっても敵意ある聴衆の法理が妥当するとされた点、感情を強烈に乱されるといった程度では差止め

を正当化しないとされた点が目をひく。また、スコーキー村の住民構成は川崎事件同様ないしそれ以上に特徴的であるが、そうした点は合憲性審査にあたって考慮されず、精神の平穏も表現の事前抑制を正当化するだけの利益とは考えられていない。これらの点は、日本での差止めの許容条件を考える際のヒントとなりうるだろう。

　さて、第3節末尾で、同種のヘイトデモが直近の過去に行われていたか否かが論点になり得る旨指摘しておいた。Skokie事件では、差止めの直前に村内で類似デモは行われておらず、先行する活動への法的評価がない中で差止め命令が発給されたケースであった。Carroll事件では直前に集会が開催されていたが、違憲判断は専ら手続問題によって根拠づけられており、先行する活動の有無がもたらす差異について検討されてはいない。節を改め、この点を扱う。

5　繰り返されるヘイトスピーチと事前抑制禁止の法理[40]

1　事前抑制該当性

　表現物の差止めをめぐっては、既に一旦公表・出版等なされたものについて、同内容の表現物の将来に向けての差止めを命じるものと、初めての公表・出版等の事前差止めとを区別することができる。ある民事手続法の研究者は、「一旦出版配布せられた文書について引続きなされている刊行配布を将来にわたり差止めるのは、既に出版され店頭にある文書の回収をなすのと同様に、表現の自由の事後規制にあたる[41]」としている。この理解は、表現物が「自由市場に出る前に抑止」するものを事前抑制と解する最高裁の理解とも平仄は合う。

　アメリカにも類似の議論がある。たとえば、職場内でラテン系ドライバーたちだけをmotherfucker等と呼び、恒常的に人種、出身国、英語能力不足を理由に貶める発言を繰り返してきた上司らに対して、裁判所が損害賠償に加えて、当該従業員が在職を続ける間、侮辱的で人種・エスニックに基づく蔑称を当該会社のヒスパニック、ラテンの従業員に対して直接投げかけること等を禁じる差止め命令の合憲性が争われた事件がある。この差止め命令が事前抑制にあたるとの被告の主張に対して州最高裁は、十分に深刻かつ蔓延した蔑称使用[42]

が雇用差別を構成し得ること、敵対的な労働環境を作り出す純粋言論に民事責任を課すことを修正１条が許していること、雇用差別と評価し得るハラスメント言論は憲法上保護されないことを過去の合衆国最高裁判例等から確認しつつ、「本件での唯一の争点は、そうした差別的行為の継続を禁ずる差止め命令の発行を修正１条が許容するか否かだ」と述べる。州最高裁は、言論の特定パターンが違法であるとひとたび裁判所が判断し、その繰り返し・永続化・継続を禁止する命令は禁止される事前抑制にはあたらないと解した上で、本件における差止命令も、当該命令が明確で必要な範囲を超えて規制するものでないのであれば、表現に対する事前抑制ではないとする。修正１条によって保護されるものではないとの裁判所の判断が出ているならば、それを継続することを差止めても事前抑制にはあたらない[43]というわけである[44]。

　行動を伴うデモ等についてはどうだろうか。京都事件一審判決について「繰り返し・継続の禁止であり、典型的な事前差止めとは異なる[45]」ことを指摘し、厳格な審査を行っていないことを当然視する理解もある。こうした繰り返されるデモ等の差止めが事前抑制に該当するかに関して、アメリカの議論を探ろう。ヒントとなるのは、（ヘイトスピーチからは離れるものの）中絶提供クリニックへの反対デモの差止めが争われた事件での合衆国最高裁の判断である。周知のようにアメリカでは人工妊娠中絶の是非は大きな社会的争点であり、ときに一部の強硬なpro-life派は中絶手術を行うクリニックに対して爆弾を仕掛けたり襲撃を行ったり、過激な抵抗を行ってきた。そこまで苛烈な方法でなくとも、クリニック周辺で反対の行進を行ったり、座り込みや封鎖を行ったりする例が見られ、こうした抗議活動を禁じる差止め命令がクリニック等からの申し立てに応じて発せられることがある。Madsen事件では、まず、クリニック経営者の申し立てにより、クリニックへの一般人のアクセスを遮断したり、出入りする人々の身体に接触して妨害したりすることを禁ずる差止め命令が発給された。しかし、クリニックへのアクセスが依然として妨げられているとして、より厳しい内容の差止めが求められ、州の裁判所は後に、（a）クリニックから36ft以内での集合、ピケッティング、デモンストレーション、（b）平日午前７時半から正午までに行われる手術等の間に、患者が見聞きし得るような方法で

音・イメージを用いること、（c）クリニックから300ft以内で来訪者に対してみだりに接触すること、（d）クリニック関係者の住居周辺30ft以内での集合、ピケッティング、拡声器の仕様、住居への出入りの妨害行為、の差止めを認めた。これが事前抑制にあたるかをめぐり、合衆国最高裁の判事たちの意見は分かれた。William H. Rehnquist長官執筆の法廷意見は、本件差止命令については、バッファーゾーン内での表現が禁止されるにすぎず他の方法でのメッセージ表明は妨げられていないこと、差止め命令が出された理由が表現内容ではなく過去の違法な活動にあることを挙げて、事前抑制禁止の法理の適用はないと論じている。[46]　これに対してAntonin Scalia判事は、そうした差止め命令の峻別は過去の判例からは導き出せないとして、事前抑制該当性を肯定している。[47]

　以上の議論をみると、裁判所によって違法と評価を受けた過去の活動について、同じ行為を将来に向かって差止めることは事前抑制ではないとの立論は成り立ち得るように思われる。ただし、事前抑制に該当しないとしても、差止め命令が表現規制であることは否定されず、いかなる審査基準でその憲法適合性が審査されるべきか、という点は別に論点となる。

2　許容される差止めの範囲

　Madsen判決には、興味を惹く論点が他にも含まれている。裁判所は、（a）〜（d）の行為の差止めを命じる範囲として、過去に抗議活動に従事したと特定された個人や団体、そのメンバーとともに、"彼らと協調し、あるいは彼らに代わって行動する全ての人間"まで加えていた。Scalia判事は、こうした差止めの仕方が許されるならば、過去には活動に従事したことがないpro-lifeの信念を共有する者たちが、同じ見解を表明したいと考えても、その活動が事前に禁止されてしまうであろうから、重大な見解規制にあたり、厳格審査基準で審査されなければならないと主張した。[48]　過去の活動に対する裁判所の評価を根拠に差止めを認めるならば、名宛人に含め得る範囲には当然限度があろう。[49]

　また、惟るに、先行する表現行為に対する違法の評価が存在することをもって事前抑制ではないと解する場合、差止められる表現と先行行為とは基本的に同じものでなければなるまい。たとえば、債権者に対する過去の不法行為責任

を認める判断が先行していたとしても、(α)「今後、債権者を侮辱する表現行
為をしてはならない」、あるいは(β)「債権者について述べる書籍を出版して
はならない」という差止めの仕方は許容されまい。(β)のような差止め命令に
関しては、これを事後規制だと強弁することはできないし、(α)についても、
文言を限定したり[50]、表現のタイミングや場所[51]、方法に限定をかけたりすること
が不可欠となろう。ヘイトスピーチの場合にも、「債権者に向けて解消法にい
う差別的言動をしてはならない」といった限定の甘い命令の仕方は適切ではな
い。しかし、場所を限定したり、一言一句例を挙げたりして差止めれば、少し
だけずらした表現が禁止対象から漏れることになってしまう[52]。

　他方、こうした場所の限定や表現の文言・態様の限定を付せば「発表の機会
が全面的に奪われてしまう」わけではなくなるので、事前抑制禁止の法理は
(少なくとも完全な形では)妥当しない、という第三の仮説も考え得る[53]。この仮説
は過去の最高裁判例とも整合的であるが、書籍や雑誌記事の出版差止めが命じ
られても、それだけでは、ウェブサイトやSNSを通じた同内容のメッセージ
の発信が一切不可能になるわけではない。とすると、書籍や雑誌記事の出版差
止めと場所や態様を限定したデモ等の差止めとの差異を、量的なものとみるか
質的なものとみるか、(限定の程度にもよるだろうが)確言は容易でない。

6　むすびにかえて

　以上、ヘイトスピーチ差止めの事前抑制該当性を中心に、日米の事情を紹介
してきたが、紙幅はもはや限界である。最後に、第5節1の末尾でふれた論点
につき一言述べて章を閉じたい。

　事前抑制該当性が否定される差止め命令の審査基準に関しては、Madsen判
決に興味深い議論がある。すなわち、John Paul Stevens判事は、差止め命令
が、過去に従事した違法な活動の帰結として特定の個人ないし集団に課される
制約であるから、制定法の審査よりも緩やかな基準が妥当するべきだと論じ
た[54]。度重なる違反への個別的制約の場合、初犯に適用されるならば無効と評価
されるようなもの、一般的に適用される法令ならば同様に無効とされるような

ものであっても正当化され得るというのである。法廷意見も、本件のような差止め命令については高い厳格度の審査は不要だとする。まず、当該命令が過去の言動のゆえに発せられたものであってメッセージの内容に向けられた制限ではないこと、原告らが裁判所の度重なる差止め命令に従わなかったこと等を挙げて、内容規制・観点規制に妥当する高められた審査基準は妥当しないとする。しかし、個別的な判断を基にした差止め命令は、一般性を有する制定法と比べると検閲や裁量的適用のリスクが大きいとして、通常の内容中立的な制定法の審査よりは厳格であるべきだとされた。具体的には、①内容中立的な差止め命令である場合に、②重要な政府利益に仕えるものであって、③差止め命令が当該目的を達成するために必要以上の負荷を与えないならば、当該命令は合憲となる（Madsen Test）[55]。留意されるべき第一点は、Madsen事件での差止め命令が時・場所・方法を指定するに止められていたことに対応して、①が重要となる。既にみたように、川崎事件決定は表現内容を指示しながらヘイトデモの差止めを命じていたが、Madsen判決に沿えば、より厳格な審査が妥当することになるはずである[56]。また、Madsen Test自体の厳格度として、厳格審査はじてはないにしても、中間審査レベル以上の審査と位置づけられている。このように、繰り返される違法な活動を差止める場合であっても、審査の厳格度を安易に落としてはならないと考えられていることが第二の留意点である。こうしたMadsen Testの妥当性を含め、さらに検討を要する点を各所に積み残してきた。それぞれの解明は他日を期すほかない。

1）　さしあたり、拙稿「不法行為としてのヘイトスピーチ」法学セミナー編集部編『ヘイトスピーチに立ち向かう』（日本評論社、2019年）67頁以下の参照を乞う。
2）　それぞれ、横浜地決平28・3・28判例集未登載（第1事件）、横浜地相模原支決平28・4・18判例集未登載（第2事件）。
3）　横浜地決平29・3・16判例集未登載。
4）　最三判平14・9・24判時1802号60頁。
5）　東京高決平29・6・16判例集未登載。最三決平29・11・10判例集未登載も特別抗告を棄却した。
6）　横浜地決平29・3・16判例集未登載。
7）　最三決平29・1・31民集71巻1号63頁。
8）　東京高決平29・9・28判例集未登載。最一決平30・1・22判例集未登載は特別抗告を棄却。

9 ）　金子匡良「『差別されない権利』の権利性」法学セミナー 768号（2019年）10頁。

10)　参照、奈須祐治「判批」ジュリスト臨時増刊『平成28年度重要判例解説』(2017年) 17頁。

11)　最大判昭61・6・11民集40巻 4 号872頁。

12)　本件も既に公表済の検索結果の削除で、純粋な事前差止めの事案ではない。

13)　「明らか」さについては、棟居快行ほか「座談会『最高裁平29年 1 月31日決定の検討と課題』」LIBRA vol.17（2017年）14頁以下、髙部眞規子「判批」法の支配187号（2017年）74頁参照。

14)　なお、第 1 、第 2 事件と別に、書籍発行の告知やウェブ上での情報公表が不法行為にあたるとし、損害賠償請求権の一部を被保全権利として、Yの所有する不動産の仮差押が申し立てられた事件で保全異議審（横浜地相模原支決平29・7・11判例集未登載）は、「他者から不当な差別行為を受けることなく円滑な社会生活を営む権利利益は、『差別されない権利』という名称を付するか否かはともかく、人格権もしくは人格的利益の一つとして保障される」と述べつつ、実際の表現との関連性につき、「同和地区出身者であることを摘示されることは、それによって、現に差別的取扱いを受けていなくとも、いついかなる時に、知人のみならず見ず知らずの第三者からさえも、差別的取扱いを受けるかもしれないという懸念を増大させ、その平穏な生活を脅かすものとなるという点で、その権利利益を侵害するものといえる」と述べている。なお、保全抗告審はこの権利利益に一切触れていない（東京高決平29・12・18判例集未登載）。加えていえば、そもそも個別の原告の権利侵害を理由にして『全国部落調査』全体の差止めを肯定する因果関係も丁寧な論証を必要としよう。

15)　実務においては、仮の地位を求める仮処分命令を発する場合の疎明は高度のものが求められており、本案において請求認容判決を得るだけの心証の程度と径庭ないとはいわれている。参照、加藤新太郎・山本和彦編『裁判例コンメンタール民事保全法』（立花書房、2012年）119頁、瀬木比呂志『民事保全法〔新訂第 2 版〕』（日本評論社、2020年）250頁、八木一洋＝関述之編『民事保全の実務・上〔第 3 版補訂版〕』（金融財政事情研究会、2015年）31頁。

16)　参照、品田幸男「名誉やプライバシーの侵害による出版等の差止めの仮処分」門口正人・須藤典明編『新・裁判実務大系13 民事保全法』（青林書院、2002年）247頁。

17)　京都地判平25・10・7 判時2208号74頁。

18)　大阪高判平26・7・8 判時2232号34頁。

19)　本決定における「差別されない権利」の既存の権利との相互関係についての論証は精巧とは言い難く、権利としての内実も明瞭ではない。参照、毛利透「ヘイトデモ禁止仮処分命令事件」毛利透ほか『憲法訴訟の実践と理論』（判例時報社、2019年）9-10頁。

20)　参照、毛利・前掲注(19)12頁。

21)　横浜地川崎支決平28・6・2 判時2296号14頁。

22)　参照、村上玲「判批」国際人権28号（2017年）139頁。

23)　川崎事件では領域外で従前どおりのヘイトデモが可能なので、差止め命令はあたかも接近禁止命令のような性質となる。他方、京都事件の命令では学校周辺以外での活動は可能であっても、過去の活動と同様の「効果」は挙げにくくなる。

24)　参照、奈須・前掲注(10)17頁。

25)　参照、内野正幸「集会をどこでするか──集会・表現の自由とその行使場所」松井茂記編『スターバックスでラテを飲みながら憲法を考える』（有斐閣、2016年）140頁。あるいは、21条が「表現の自由」と「集会の自由」を別個の自由として保障しており、後者については事前抑制禁止の法理は妥当しないという筋立ても考えられ得る。

26)　参照、上田健介「判批」法学教室433号（2016年）153頁。

27)　283 U.S. 697（1931）.

28)　Erwin Chemerinsky, "Injunctions in Defamation Cases", *Syracuse Law Review*, Vol. 57（2007）, p. 165.

29)　Rodney A. Smolla, *Smolla and Nimmer on Freedom of Speech*, 3rd ed., Clark Boardman Challgham, 1996, § 15: 1.

30)　See, John Calvin Jeffries, Jr., "Rethinking Prior Restraint", *Yale Law Journal*, Vol. 92（1983）, p. 417.

31)　Freedman v. Maryland, 380 U.S. 51（1965）.

32)　Carroll v. Princess Anne, 393 U.S. 175（1968）.

33)　詳細は、小林直樹「Skokie村事件（1）」獨協法学57号（2002年）168頁以下、奈須祐治「マイノリティ集住地区におけるヘイト・スピーチの規制」西南学院大学法学論集49巻 2 ＝ 3 号（2017年）209頁以下参照。

34)　National Socialist Party of America v. Village of Skokie, 432 U.S. 43（1977）.

35)　Village of Skokie v. National Socialist Party of America, 51 Ill.App.3d 279（1977）.

36)　その他の差止めについては、突撃隊の制服を模した党の制服を着用することは思想や理念を表明するための一種の象徴的言論であり、鉤十字を伴わない場合には煽動にも喧嘩言葉にも該当しない、また、実際のデモで憎悪を刺激・促進する表現物の配布等が行われると予定されていないとして、事前抑制を許容するだけの立証はなされておらず、修正 1 条に反する違憲な事前抑制にあたる、と結論づけられた。

37)　Beauharnais v. Illinois, 343 U.S. 250（1952）.

38)　See, Eugene Volokh, *The First Amendment and Related Statutes*, 7th ed., Foundation Press, 2020, p. 700; Christina E. Wells, "Bringing Structure to the Law of Injunctions against Expression", *Case Western Reserve Law Review*, Vol. 51（2000）, pp. 59-61.

39)　Village of Skokie v. National Socialist Party of America, 69 Ill.2d 605（1978）.

40)　この論点については、本章とは異なった角度からアプローチする山邨俊英の貴重な先行研究がある。山邨俊英「反復的に行われるヘイト・スピーチに対する将来に向けての規制は『事前抑制』か？」広島法学40巻 4 号（2017年）98頁以下。

41)　石川明「文書配布差止の仮処分の適法性──特に表現の自由・検閲の禁止と関連して」慶應義塾創立125年記念論文集・法学部法律学関係（1983年）109頁。内野正幸『差別的表現』（有斐閣、1990年）165頁も参照。

42)　Aguilar v. Avis Rent A Car System, Inc., 21 Cal. 4th 121（1999）.

43)　See, Mark A. Lemley & Eugene Volokh, "Freedom of Speech and Injunctions in Intellectual Property Cases", *Duke Law Journal*, Vol. 48（1998）, p. 170; Sarah Shyr, "Speech Regulation", *Washington and Lee Journal of Civil Rights and Social Justice*, Vol. 16（2009）, p. 206. But see, Chemerinsky, *supra* note 28, p. 163.

44)　合衆国最高裁のClarence Thomas判事は、この差止め命令が修正1条によって完全に保護されている言論を抑圧するものである可能性が高いこと、また、仮に一部が修正1条によって保護されないとしても、再び過ちを犯した場合に課される損害賠償を超えて事前抑制まで必要であることは説得的に示されていないこと、さらに、原告らの耳に届かないところでの発言も差止められるのは厳密に設えられたものとはいえないこと等を挙げて、州最高裁の結論を直ちには肯定できないと論じた。Avis Rent A Car System v. Aguilar, 529 U.S. 1138, 1138 (2000) (Thomas, J., dissenting). 最高裁の多数はサーシオレイライを容れなかったので、本件に関する最高裁としての判断は示されていない。

45)　上村都「判批」ジュリスト臨時増刊『平成25年度重要判例解説』(2014年) 27頁。

46)　Madsen v. Women's Health Center, Inc., 512 U.S. 753 (1994).

47)　*Ibid.*, p. 798 (Scalia, J. concurring in the judgment in part and dissenting in part).

48)　*Ibid.*, p. 795.

49)　See, Tiffany Keast, "Injunction Injunction: Enjoining Free Speech after *Madsen*, *Schenck*, and *Hill*", *American University Journal of Gender, Social Policy & the Law*, Vol. 12 (2004), p. 291.

50)　Avis Rent A Car事件の差止め命令は人種差別的な発言全般を禁じたわけではなく、裁判の進行の中で、使用が禁止される蔑称のリストまで必要とされた。

51)　参照、畑宏樹「判批」新・判例解説Watch vo.18 (2016年) 117-120頁、瀬木・前掲注(15)139頁。See also, Amber M. Pang, "Comment: Speech, Conduct, and Regulation of Abortion Protest by Court Injunction", *Gonzaga Law Review*, Vol. 34 (1998), p. 222.

52)　参照、見目明夫「街宣活動禁止仮処分」菅野博之＝田代雅彦編『民事保全の実務』(商事法務、2012年) 251頁。こうした人的・内容両面での限定の付し方は、差止めという救済手段の有効性と関わっており、別してさらに丁寧な検討を要する。

53)　参照、奈須祐治「判批」新・判例解説Watch Vol.14 (2014年) 18頁、守谷賢輔「判批」福岡大学法学論叢60巻1号 (2015年) 142頁、福島力洋「判批」新・判例解説Watch Vol.19 (2016年) 27頁、斉藤拓実「ヘイトスピーチにいかに対応すべきか」法学新報125巻3＝4号 (2018年) 125頁。

54)　512 U.S. at 778 (Stevens, J., concurring).

55)　Madsen Testは、同じく中絶抗議活動の差止めの事案であるSchenck v. Pro Choice Network, 519 U.S. 357 (1997) でも採用されたが、本章の関心からは、公共の安全 (public safety) を政府利益として認めた点が注目される。

56)　内容中立的な差止め命令は、命令の文言次第では、別のメッセージを伝えるデモも行えなくなり得る点には注意が必要であろう。なお、内容に基づく場所的規制の位置づけをめぐって、田代亜紀「表現の自由の限界を考えるための準備的考察──ヘイトスピーチに関する議論とスナイダー判決を素材として」専修ロージャーナル12号 (2016年) 140-141頁を参照。

＊本章はJSPS科研費JP18K12630の助成による成果の一部である。

第3章

集団呼称による個人に対する名誉毀損罪成立の可能性
──集団侮辱に関する近年のドイツ連邦憲法裁判決──

櫻庭　総

1　はじめに

　この10年でわが国におけるヘイトスピーチ規制をめぐる法理論状況は著しい進展を遂げた。とりわけ憲法学の発展には目を見張るものがある。従来はヘイトスピーチの一般的・理論的な規制可能性が主たる争点であったのに対して、近年はマイノリティ集住地区での表現に限定した規制など、より各論的・実践的な検討も見受けられるようになった。そこで、本章は、こうした憲法学の知見に学び、これを刑法学の視点から整理したうえで、現行刑法の新たな解釈論を模索するものである。

　以下では、まず、近年の憲法学説を確認し、それらを刑法学的にどのように受けとめるべきかを整理する(2)。次に、名誉毀損罪の新たな解釈を模索する一助として、ドイツ刑法の集団侮辱という解釈手法を参照し、とりわけ近年における一連の連邦憲法裁判決に注目する(3)。最後に、わが国における一定のヘイトスピーチに対する集団侮辱の解釈、適用の可能性を検討したい(4)。

2　憲法学からの問題提起とその受けとめ

1　憲法学からの問題提起

（1）規制対象　　近年の憲法学では、ヘイトスピーチの広汎な規制は問題であるが、マイノリティ集住地区における街頭宣伝のように、マイノリティ集団

に対して直接向けられた表現であれば、たとえ特定の個人または団体に向けられたものといえなくとも規制可能であるとの見解が提起されている。

　その理由としては、論者によってニュアンスの違いはあるが、結局のところ表現が「直接に向けられた」場合は害悪が明白であることにおかれているといってよいだろう。換言すれば、面前性により侵害法益が明確化されるという理屈である。したがって、マイノリティ集住地区以外の一般の公道で行われた街宣やデモについても、相手方の個人的法益を直接に侵害する表現であれば規制可能と明示する見解もある。また、そのような表現に対する規制手段については、立法論を検討するに先立ち、現行法での対応可能性を検討すべきであるとの見解も示されている。

　（2）侵害法益　　もっとも、その具体的な侵害法益については必ずしも一致していないように思われる。たとえば、「生活の平穏や名誉感情等」を挙げる見解がある一方で、「芯からの恐怖と動機、呼吸困難、悪夢、PTSD、過度の精神緊張（高血圧）、精神疾患、自死にまで至る精神的な症状と感情的な苦痛、継続する感情的苦悩、自信喪失、逸脱感情（自分は『普通』と違っておりマイノリティであるから狙われたという自己認識）」等について、これらは名誉感情ではなく「人間の尊厳に関わるもの」の侵害とする見解も存在する。

2　刑法学での受けとめ

　（1）関連規定　　憲法学説の想定する現行刑法規定は名誉毀損罪（230条1項）・侮辱罪（231条）および脅迫罪（222条）であると思われるが、本章では前者について検討する。

　（2）名誉毀損罪・侮辱罪の保護法益　　名誉毀損罪・侮辱罪についてまず確認しておくべきはその保護法益である。上記憲法学説では「名誉感情」ないし「人間の尊厳に関わるもの」がヘイトスピーチの侵害法益とされているが、刑法学では名誉毀損罪および侮辱罪の保護法益につき、どちらも外部的名誉たる社会的評価と解するのが判例・通説の立場である。もっとも、侮辱罪については、その保護法益を「名誉感情」または「普遍的社会的名誉（人間の尊厳の社会的承認）」とする説も有力ではあるが、少数にとどまっている。

（3）面前性と公然性　では、なぜこのような離齬が生じるかといえば、憲法学説が表現の面前性に着目しているのに対して、名誉毀損罪および侮辱罪は条文上、面前性を要件とせず公然性を要件としていることに由来すると思われる。「名誉感情」ないし「人間の尊厳に関わるもの」は面前でなされれば非公然でも侵害されるはずであるが、現行刑法では非公然での名誉毀損、侮辱は不可罰である。社会的評価は、表現の面前・非面前にかかわらず、それが公然となされ不特定多数人に伝わることではじめて危殆化すると考えられる。それゆえ、侮辱罪の保護法益を名誉感情と解する刑法学説の中には、その理論的帰結として「公然に非ざる侮辱も亦少なくとも其の直接被害者に対して表示せられたる場合に於て之を可罰なるものと為すべき」とする見解もある。[11]

つまり、憲法学説では、名誉毀損罪・侮辱罪に言及されることがあっても、その実は現行刑法規定とは異なる、面前性に着目した別の犯罪類型が想定されている可能性がある。侮辱罪の保護法益を「人間の尊厳な状態」と解する刑法学説が、「侮辱罪を人間の尊厳に対する『粗暴犯』型の犯罪としてとらえ、『情報犯罪』型の犯罪ではないとするならば、それは特定人に個人的に告げた場合にも成立するものといわなければならない」と述べていたように、[12]上記の憲法学説もまさに粗暴犯型、すなわち言葉という暴力で相手に直接害悪を加える行為類型としてヘイトスピーチを捉えているように思われる。なお、この点を敷衍して傷害罪での構成を検討することも不可能ではないが、その適用は困難であろう。[13]

（4）特定性　しかし、それにもかかわらず、憲法学説には貴重な問題提起が含まれている。注目すべきは、集住地区の住民に直接向けられた表現を規制可能とする理由の一つとして示される、集住地区での表現は特定個人に向けられた表現と「同じくらい特定性があるだろうという論理」[14]である。

従来、刑法学では、名誉の主体である「人」には特定の自然人のほか法人などの団体をも含むと解するのが判例・通説の立場であるところ、「東京市民または九州人」といった大規模集団、不特定多数人に向けられた表現は被害者の特定を欠くために不可罰だと解されてきた。[15]しかし、憲法学説の指摘するように、一見して不特定型の表現であっても特定の個人に向けられた表現と解しう

る場合はありうるのではないだろうか。上記の指摘は、このような特定性の解釈問題と捉え直すことで、刑法の判例・通説の立場と矛盾しないかたちで受けとめることができる。

　この問題を検討するにあたっては、ドイツ刑法の侮辱罪における集団侮辱という解釈手法が参考になる。

3　ドイツ刑法における集団侮辱

　ドイツ刑法の集団侮辱については別稿にて部分的な検討を行った[16]。以下「1　ドイツ刑法における侮辱罪」から「2　集団侮辱の展開（1）（ii）」までは本論に必要な限りで重複せざるを得ないが、詳細は別稿を参照されたい。

1　ドイツ刑法における侮辱罪

（1）刑法185条以下の侮辱罪　ドイツ刑法では185条以下で、侮辱、悪評の流布、中傷等の犯罪類型を規定しており、これらをまとめて「第185条以下の侮辱」と呼ぶ。したがって、「集団侮辱」には、侮辱のみならず名誉侵害犯罪全体が含まれる。

　なお、ドイツ刑法185条の侮辱罪は、日本とは異なり、公然性要件が規定されていない。

（2）保護法益　ドイツ刑法では侮辱罪の保護法益である名誉について「規範的名誉概念」を採るのが判例・通説であり、それによると、名誉とは「人間の尊厳に基礎をもち、人間に適切に帰属している信望価値およびその価値から生じる、不当に貶められないという尊重請求権」と定義される。この点で、名誉を社会的評価（事実的、外部的名誉）とする日本の判例・通説とは異なる。

（3）侮辱適格　規範的名誉概念からすれば、人間の尊厳が認められない団体については名誉の主体たり得ないようにも思われるが、侮辱罪の告訴に関する刑法194条3項および4項に侮辱が官庁や政治団体に対してなされた場合の規定があることから、一定の組織が侮辱適格を有することは否定し得ない。さらに、それ以外にも判例・通説は、「法的に承認された社会的機能を充足し、

かつ統一的意思を形成しうる人的結合」に侮辱適格を認めており、この点では、日本と同様に名誉の主体は特定の個人のみならず団体をも含む。

2　集団侮辱の展開

（1）集団侮辱の諸類型　　ドイツ刑法では、団体に対する侮辱とは別に集団侮辱という犯罪形態が侮辱罪の解釈として一般に認められている。団体に対する侮辱は団体それ自体が侮辱されるのに対して、集団侮辱は集団に属する個々人全員が侮辱される点で両者は異なる概念である。

　後述するように、判例における集団侮辱の基準および要件にはなお不明確な点があるものの、学説では以下の2類型に整理するのが一般的である。[17]

　（ⅰ）念頭に置かれているのが集団の一部の構成員：「集団に隠れた個人への侮辱」類型　　集団侮辱の第一の類型として、行為者が集団の全員ではなく一人または複数の構成員のみを念頭に置いているが、それが誰なのかが開かれた表現となっている形態がある。例えば、「山口大学経済学部の法学系教授には犯罪者が1名いる」という表現がこれにあたり、そこでは表現の対象となりうる構成員全員に対する侮辱が成立する。

　ただし、この類型については、集団の範囲は、集団構成員の各個人が実際に表現の該当者であるとの嫌疑（あの教授が犯罪者かもしれない）を被りうる程度の比較的小規模なものでなければならない（嫌疑原則）。したがって、この類型に該当する集団は、以下の第二類型よりも基本的に小規模のものとなる。

　（ⅱ）念頭に置かれているのが集団の構成員全員：「一括侮辱」類型　　集団侮辱の第二の類型として、行為者がある特定の人間集団を呼称することでその集団構成員全員がその表現に該当する形態がある。たとえば、「山口大学経済学部の教授は全員カルト教団Xの信者である」といった表現がこれにあたり、この場合もその集団構成員全員に対する侮辱が成立することになる。

　この類型については、当該表現の個人関連性（その表現がたしかに集団構成員個々人に該当すること）が明らかでなければならない。これが認められる要件について判例はやや錯綜した状況となっているが、おおよそ次のようにまとめられる。

　第一に、どの個人が侮辱されているかを確定するための「明確な境界付け」が必要であり、「名指された人間集団が特定のメルクマールを根拠に、該当者の範囲が明確に境界付けられ、個々人がそこに組み込まれていることが疑い得ないほどに明確に公衆から際立って（区別されて）いなければならない。

　したがって、第二に、当該集団の「数量的な概観可能性（見渡すことができること）」が必要であり、これを超えた規模の集団の場合、名誉侵害表現は量の中に雲散霧消し、もはや個人に到達しない。

　ただし、この基準には二つの例外が存在する。一つは、「明確な輪郭をもった部分集団」基準である。数量的に概観不可能な人間集団に向けられた表現であっても、特別な状況から、その客観的意味内容によると（集団侮辱適格のある）小規模の部分集団の構成員のみが想定される場合は、部分集団の構成員全員に対する侮辱が成立しうる。後述の連邦憲法裁判決では、この基準が問題となる。

　もう一つには、「ホロコーストの唯一無二性を理由とする例外論」があり、判例は、ドイツ在住のユダヤ人の集団侮辱適格を、それが大規模集団であるにもかかわらず肯定する。

　（ⅲ）「不真正集団侮辱」類型　　なお、以上の２類型のほか、Klaus Geppert は、「行為者がたしかに集団呼称を用いているが、事案の状況からその人間集団のうちの特定の構成員のみが想定され、かつ、行為者もその特定の個人のみを想定していることが認識できる場合」を「不真正集団侮辱」として第３類型に分類しており、その例として、交通違反で停止させられた運転手が面前の警察官に向かって「やっぱりな。警察官は全員いかさま師で追いはぎだ！」と述べる事例が挙げられている[18]。

　もっとも、これと同様の事例について Markus Wehinger は、集団侮辱とはその集団構成員全員への侮辱が問題となる場合であるから、これは集団侮辱を論じるまでもなく特定個人に対する侮辱が成立する事案だとしている[19]。

　（２）集団侮辱に関する判例の展開　　集団侮辱の成立要件が以上のように整序されるまで判例は段階的な展開を遂げてきた。ここでは紙幅の関係から、「一括侮辱」の類型について簡単に振り返る[20]。

　1945年以前、帝国裁判所は、集団侮辱の要件としては「人間集団が公衆から明確に際立っていること」という「境界付け可能性」を基準としたが、結局のところ、被害者が当該集団に疑いなく属していることをもって集団侮辱が認められる傾向にあった。それゆえ、「大土地所有者」(RGSt. 33, 46.)、「SA および SS の構成員」(RGSt. 68, 120.) などについては集団侮辱が認められた一方、反ユダヤ主義的表現については、侮辱は特定の個人を侮辱するものでなければならず、その攻撃が不特定の人間集団に向けられているのでは不十分である、との一般的な説示をもって集団侮辱がたびたび否定されていた[21]。

　ここから窺えるように、境界付け可能性の具体的な基準は何ら自明ではなく、Nikolaos Androulakis は、帝国裁判所の判断が当時の政治状況を反映した結論先取的なものであると批判している[22]。

　1945年以降、連邦通常裁は、境界付け可能性基準を維持しつつも、集団の規模やその外形的ないし内的な同質性を考慮するようになる。そこから、「プロテスタント」や「学者」といった大規模集団は何ら十分に境界付けられた集団とは解されないが、「ドイツ在住の、ナチスにより迫害されたユダヤ人」は「その並外れた厳しい運命のために公衆から際立つ、境界付けられた集団を形成している」とされた (BGHSt. 11, 207.)。また、裁判例でも、「女性」および「クリスチャン」の侮辱適格は否定されたが、「女性」については内的な同質性に欠けることが理由とされた一方 (LG Hamburg, NJW 1980, 56.)、「クリスチャン」は外形的特徴による境界付けに欠けることが理由とされており (LG Köln, MDR 1982, 771.)、境界付け基準が統一的に適用されているとはいいがたい。

　それゆえ、Wehinger は、「裁判所が急に些細な集団の規模を重視したり、突然、外見上認識可能なメルクマールから境界付け可能性を要求したりすることは何ら説得的とはいえず、……境界付け可能性の有無への言及が、多くの場合、所与の結論を根拠づけるためだけに用いられているのではないかとの疑いすら生じる」と、Androulakis と同様の評価を下している[23]。

　さらに、集団侮辱は前述の「明確な輪郭をもった部分集団」基準によって処罰範囲の拡張を遂げ、それはとりわけ警察に対する表現について顕著である。連邦通常裁の判例によれば警察官全体は集団侮辱適格を有しないことが確立し

ていたが（BGH StV 1982, 222.）、バイエルン州最高裁は、サッカースタジアムで開催された警察の展示会における「Bullen Auftrieb」（注：Bullen（牛）は警察の蔑称）という呼び方につき、「軽蔑的表現が関連しているのは、場所と時とによって詳しく特徴付けられた、警察官の職務性質に関する特定の出来事に参加した警察官であ」り、「警察官としての性質に結びついたこのイベントへの参加は、明確に公衆から際立ち、かつ、その他の警察官からも際立つものである」として集団侮辱を認め、また、ベルリン高等裁判所は、「ヘルメットと防護盾を装備した警察官が、明らかに無抵抗に地面に横たわっている人物に対して警棒を振り上げているイラスト」に「警察体育大会」とサインされた車のステッカーを利用した事案について、描写された装備をしたすべての警察官が念頭に置かれているという解釈がおのずと生じるため、この装備をした警察官は、特定の出動における外形的に認識可能な統一体として多数人を形成しており、その構成員は確定可能であり、それゆえに個人関連性も有しているとして、同様に集団侮辱を認めた[24]。

　こうした判例の動向について、Georg Foerstner もまた、侮辱表現の判断に際して、むしろ当罰性の考慮が構成要件該当性の判断に先行しているのではないかとの印象が拭えないと疑問を呈したうえで、集団侮辱では、警察、連邦国防軍、裁判官など国家への奉仕者に対する攻撃が問題となった裁判の数が圧倒的に多く、「適用における『軽微な国事犯』という集団侮辱の機能が、例えば典型的に脅威にさらされる住民集団に対する差別から保護をする構成要件としての機能を圧倒して」おり、「刑法185条以下は……典型的な被差別マイノリティに対する反差別構成要件としては重要な機能を担っていない」と評する[25]。

　（3）学　説　　以上から窺えるように、判例における集団侮辱の適用は、そこから統一的な基準を見出すことが困難であり、部分的には広すぎる範囲に認められている。それゆえ、学説は概して批判的であり[26]、限定解釈の提言も見受けられる。

　Wehinger は、大規模集団に向けられた表現は個人関連性を欠くため、例外なく集団侮辱を否定すべきだとする[27]。

　Foerstner は、「集団帰属性の存在メルクマールと内容的に結びついている

名誉侵害的表現のみが、集団構成員全員に向けられたものといえる」とする。それゆえ、たとえば、「H連隊のほぼすべての兵士は職業的殺人者である」という表現は、兵士という職業と内容的に結びついた非難を一義的に含んでいるといえるため集団侮辱が成立するが、「H連隊にはうるさいポン引きがいる」という表現は、内容的にもはや兵士の性質をもたない非難であるため、集団侮辱は成立しないとする。[28]

　Rainer Zaczyk は、間人格的名誉概念（名誉とは、人間の尊厳から要請され、人格としての自立性を基礎づける、他者との承認関係である）に依拠したうえで、次の三段階の審査手続を主張する。①呼称されたメルクマールが、（潜在的）被害者個々人の自己理解に関して、周りの人々から区別されるメルクマールとして生活上の意味をもつものでなければならない。②そのメルクマールが、そのメルクマールを示す個々人すべての社会的結合を基礎づけるものでなければならない。③侮辱的表現が、集団の各個人にあてはまる判断だと解されうる性質を有していなければならない。ここから、たとえばユダヤ人集団について、その共通して被った運命は①を満たすものではないとし、この侮辱適格を否定する。[29]

3　近年の連邦憲法裁判決

（1）問題の背景　　近年、"A.C.A.B" というアルファベットを組み合わせた表現に対する集団侮辱の成否が問題となっている。これは、"All Cops Are Bastards" の略語として広く知られている表現であり、ドイツでは右派や左派のデモまたはサッカーの試合において、一定の警察の振る舞いや「システムそれ自体」に対する怒りの表明として、口頭、バッジ、横断幕、衣服のプリントさらにはタトゥーといった様々な形態で示されることが珍しくないという。[30]

　前述のとおり、判例は、警察官全体を集団侮辱の要件を満たさない大規模集団であるとしながら、特定の任務やイベントに居合わせた警察官を部分集団としてその警察官個々人に対する集団侮辱を認めるという手法を採っており、"A.C.A.B" についてもその手法をもって集団侮辱として有罪とする判決が相次いで示された。

　このような背景のもと、それらの有罪判決が基本法 5 条 1 項 1 文のいう意見

表明の自由という基本権に対する許されない侵害であるとして、複数の憲法異議が提起され、これに応えるかたちで連邦憲法裁の第1法廷第3部会が立て続けに一連の判決を言い渡したのである。

（2）一連の連邦憲法裁判決　　一連の連邦憲法裁判決は、基本的に同様の理論構成がとられている。これを2016年5月17日に言い渡された2つの判決のうち、黒ズボン事件判決[31]に即してやや詳しく確認する。なお、連邦憲法裁は、一連の"A.C.A.B."事件に先立ち、"FCK CPS"とプリントされたTシャツの着用についてすでに同様の判示を示している[32]。

（ⅰ）黒ズボン事件（BVerfG 1 BvR 257/14）　　事案の概要は次のとおりである。2012年10月に開催されたサッカーの試合を観戦する際に、異議申立人は、その臀部に大きくA.C.A.B.と印刷された黒いズボンを着用していた。試合終了後、異議申立人がサッカーファンの集団とともにスタジアムを後にする途中で、その場に出動していた数名の機動隊員の側を通過した。その際、機動隊員はよく目立つA.C.A.B.に注目し、その一人が異議申立人を告訴した。区裁判所は、サッカーの試合に動員されていた警察官全員に向けられた侮辱的表現であるとして有罪判決を言い渡した。異議申立人の控訴、上告ともに棄却されたため、憲法異議が提起された。

まず、連邦憲法裁は、"A.C.A.B."と印刷されたズボンの着用は、基本法5条1項1文の意見表明の自由という基本権の保護を享受する意見であり、本件有罪判決が意見表明の自由への介入であることを確認する。同時に、"A.C.A.B."という表現は"all cops are bastards"を意味するものであり、「その標語はもともと明らかに無内容なものなどではなく、警察への一般的拒絶および国家権力から一線を画する信条の表明である」とする。

次に、意見表明の自由という基本権は無制約に保障されるわけではなく、一般的法律ならびに青少年保護の規定および個人的名誉権から構成される基本法5条2項の制約に服するとしたうえで、しかしながら、一般的法律である「刑法185条を自由な意見表明に対する制約として適用および解釈する憲法的要請が保障されていないことから、本件有罪判決による意見表明の自由への介入は正当化できない」とする。ここで、意見表明の自由に関するリーディングケー

スであるリュート判決で示された、いわゆる相互作用論[33]が確認される。[34]

　では、刑法185条における集団侮辱の解釈にあたり保障されるべき憲法的要請とはいかなるものかが問題となるが、「兵士は殺人者だ」事件判決における[35]判示が次のように援用されている。

> 誹謗的表現が向けられる集団が大規模になるほど、個々の構成員の個人関連性も希薄となる。なぜなら、大規模集団に対する非難の際には、構成員の個人的な欠点または個人的なメルクマールが問題となっていることはほとんどなく、集団ならびにその社会的機能またはそれらに結びついた構成員の行動様式に対する発話者の視点からみた無価値が問題となっているからである。〔名誉侵害の〕スケールを想定するとき、その一方の極が名指されたか特定可能な個人への侮辱であるとすれば、他方の極は、人間の性質そのものに関する誹謗的表現または社会制度もしくは社会現象に対する批判であり、後者はもはや個人の名誉に影響を及ぼす適性を有してない（BVerfGE 93, 266〈301 f.〉）。

ここから次の具体的な基準が示される。

> 集団の構成員一般に向けられた表現について、その集団が一般的な分類によって特徴付けられる人間集団の部分集団を形成するという理由のみで、それを十分に概観可能な人間集団として扱うことは憲法上許されない（vgl. BVerfGE 93, 266〈302 f.〉）。

最後に、事実審判決はこの憲法的要請を満たしていないとする。

> スタジアムに配備された警察力がすべての男女の警察官の部分集団であるというだけでは不十分である。むしろ個人化された組み込みが必要である。この組み込みがどこに存在すべきかは、判決文からは明らかでない。とりわけ、機動隊が居たことを認識していた異議申立人が警察の監視する集団とともにスタジアムを去ったということでは不十分である。異議申立人が機動隊の近くにいることを認識していたという認定から、その標語を警察に対峙させていたと認定することは誤りである。警察が居合わせていると知っているスタジアムに単に滞在したというだけでは、表現が特定の人間に認識可能に具体化されているといえる憲法的要請を満たさない。

（ⅱ）横断幕事件（BVerfG 1 BvR 2150/14）　　連邦憲法裁は、黒ズボン事件判決と同日、同様の事件につき同様の判示から憲法異議を認める判決を言い渡し

た。基本的な規範定立に関しては同一であるため、ここでは事件の概要と事実審による事実認定への評価の部分のみ確認しておく。

　事案の概要：異議申立人は2010年10月にカールスルーエで開催されたサッカーの試合に訪れ、試合中に他の者と共同してファンブロックで複数の旗を掲げた。ある横断幕には、「シュトゥットガルド21─警察権力は万人に襲いかかる」という文字が、別の横断幕には「BFE廃止」という文字が確認でき、「BFE」とは警察の特殊部隊Beweissicherungs‐und Festnahmeeinheitを意味する。異議申立人およびそれ以外の4名の者はこれらの横断幕から4つのアルファベットを抜き出し、"ACAB！"という順序でこれを掲げた。スタジアムに居た数名の警察官は、この横断幕によって自身の名誉が侵害されたと感じた。

　裁判所の判断：「十分に概観可能で境界付け可能な人間集団に向けられていることの十分な理由……が、そのスローガンを認知した警察力がすべての男女の警察官の部分集団を形成するというものでは不十分である。同様に、サッカーの試合の警備のために警察の機動隊もスタジアムに居合わせており、異議申立人の表象によれば異議申立人が高く掲げた"ACAB！"というアルファベットの並びを機動隊が認識していた可能性があるというだけでは、表現を個々人に対するものだと分類することへの憲法的要請は不十分である」。

　なお、本件ではさらに、"ACAB！"の直前にシュトゥットガルド21プロジェクトやBFEという警察出動に関する社会問題が取り上げられていたという文脈を事実審が十分に検討していない点も批判されている。

　（ⅲ）バッジ事件（BVerfG 1 BvR 1593/16）　その後、連邦憲法裁は2017年1月16日にも同様の判決を言い渡している。

　事案の概要：異議申立人は、「A.C.A.B」および「13 12[36]」とプリントされた2つのバッジが胸部に付けられたベストを着用し、2015年3月にブンデスリーガ2部の試合に出かけたところ、入場規制に警備員のほか機動隊も加わっており、異議申立人に対して入場時の身体検査にあたった警察官がA.C.A.B.を認識した。

　裁判所の判断：表現が十分に概観可能で境界付けられた人間集団に向けられたというためには、スタジアムに動員された警察官がすべての男女の警察官の

部分集団であるというだけでは不十分である。「むしろ、個人化された組み込みが必要である。事実審判決からはこの点が明らかでない。異議申立人が動員された警察官の名前を知っていることまでは個人化に必要ではない。しかし、異議申立人が、そこに警察の出動部隊がいるであろうとの認識でサッカースタジアムに出かけるだけでは不十分である。そこでは、異議申立人が意識的に警察の出動部隊に接近し、その者らに自身の表現を直面させたという事実認定を欠いている」。

（ⅳ）布バッグ事件（BVerfG－1 BvR 2832/15）[37]　　以上の判例では、いずれも事実審では憲法適合的な集団侮辱の解釈、すなわち表現が個人化されて向けられているとの認定がなされていないとの判断であった。これに対して、2017年6月13日判決ではこれまでと同様の規範定立を行いながら、事実審の有罪判決を維持した。

事実の概要：異議申立人は、NPDの地方選挙に反対するデモで、約40cm四方のバラ色の大きな布バッグを肩にかけており、そのバッグの上部には「A.C.A.B」と印刷してあるのが見えていた。バッグの中部には「猫が印刷してあり、その下には「A.C.A.B」と同じ大きさで「All CATS are BEAUTIFUL」と印刷されていた。警察の部隊指揮者は異議申立人に対して、そのバッグをそれ以上見えるように着用しないよう要求した。異議申立人はこの要求を聞き入れず、バッグを、区裁判所の認定によると、「今やこれ見よがしに」「次第にひけらかすように」デモを警護する警察部隊の前で着用した。

裁判所の判断：「印刷された布バッグを『次第にひけらかすように』見せびらかすことは当該人間集団の十分な具体化を含むという結論に何ら憲法的疑義はない。たしかに、異議申立人が、その場に警察官も居るであろうと予想したうえでデモに単身で参加したことや、部隊指揮者からの要求を受けてバッグを隠すことを拒否したことでは不十分である。……表現者が不作為を要求されたことでも集団の構成員の個人化は生じ得ない」。これに対して、区裁判所が認定した行為者の態様、すなわちバッグを「これ見よがしに」かつ「次第にひけらかすように」警察官に見せびらかした行為から、必要な個人化された組込みが生じている。このことから、異議申立人が意識的に警察官に接近し、その警察

官を個人化されたかたちで引き合いに出したことは明らかであり、このことは刑法185条の侮辱罪の成立に十分である。

（3）評　価　　これら一連の連邦憲法裁の判決について、現在のところ、学説は慎重な評価を下しているように思われる。

Stefan Muckelは、黒ズボン事件判決について、FAZ紙が同判決を記事にした際のタイトル「罵倒ではあるが侮辱罪ではない（Beschimpft, aber nicht beleidigt）」が物事の本質をよく表しているとし、意見表明の自由ではとりわけ国家機関にとって煩わしい基本権が問題になるとする一方、布バッグ事件判決については、デモや大事件の際に一般人の安全保護のために出動する際に往々にして多かれ少なかれ下品な罵倒を浴びせられている警察官の名誉保護を強化した点は歓迎できるとし、ただし、「これ見よがしに」「次第にひけらかすように」見せびらかすことで個人化されたと解するのは、主観的な印象に強く左右される基準であり、やや恣意的な感があるとしている。

その他の評釈も、連邦憲法裁が従来のともすれば恣意的な基準で部分集団を確定し有罪とする手法に歯止めをかけようとした点は評価する一方、警察官の名誉保護に一定の配慮をすべきとの視点もみられる。

なお、最近は、A.C.A.B.表現を刑法185条の侮辱罪ではなく、秩序違反法（OWiG）118条の公衆への迷惑行為（Belästigung der Allgemeinheit）違反で規制することの是非が問題となっており、裁判所の判断も分かれているようであるが、本章の射程を超えるため、ここでは立ち入らない。

4　若干の検討

1　集住地区での表現と集団侮辱：集団個々人に対する侮辱

（1）集住地区での表現と集団侮辱　　ドイツの集団侮辱に関する判例・学説は、概観不可能な大規模集団に向けられた表現については集団侮辱を否定するのが一般的である。よって、「朝鮮人」一般に向けられたヘイトスピーチについては、基本的に集団侮辱は成立しないと解すべきである。

もっとも、ドイツの判例では「明確に境界付けられた部分集団」基準が認め

られており、一見して大規模集団に向けられた表現であっても、四囲の客観的
状況から一定の部分集団に向けられたものであるといえる場合は集団侮辱が成
立する。この基準を用いると、一見して「朝鮮人」一般に向けられた表現で
あっても、在日朝鮮人の集住地区や面前でなされたものについては、「集住地
区在住の朝鮮人」や「その場に居合わせた朝鮮人」という概観可能な部分集団
に対する集団侮辱が認められる余地があるようにも思われる。

　ただし、注意すべきは、ドイツの判例における部分集団基準について学説は
おおむね批判的であり、近時の連邦憲法裁判決もそのような部分集団基準の適
用を限定しようとしたことである。学説の批判や連邦憲法裁の判示には傾聴す
べき点があり、わが国で参考とする場合も限定的な適用を志向すべきであろう。

　（2）ドイツの学説からの示唆　　しかしながら、学説において提言された集団
侮辱の限定解釈は、少なくとも特定性の再解釈という本章の問題関心からは、
得るところが少ないように思われる。

　Wehingerの見解は、そもそも部分集団基準を認めない趣旨であろうから、
大規模集団を呼称したヘイトスピーチには、侮辱適用の余地はないとの帰結に
なろう。

　Foerstnerは表現内容が「集団帰属性の存在構造メルクマール」に結びつい
ている場合は、大規模集団についても集団侮辱の適用を認める。ここからする
と、集住地区に限られず、ヘイトスピーチが在日コリアンなど名指された集団
の「集団帰属の存在構造メルクマール」に結びついている場合は、集団侮辱が
認められることとなる。しかし、そもそも「存在構造メルクマール」の認定が
一義的に確定できるかは疑問である[43]。

　Zaczykは三段階の審査を提起しているが、「ユダヤ人であること」は第二の
要件を充足しないとしていることから、ユダヤ人以外の特定の人種・民族と
いったマイノリティ集団も同様に消極的な結論となろう。やはり大規模集団へ
のヘイトスピーチは一律に不可罰ということになる。

　（3）連邦憲法裁判決からの示唆　　それでは、部分集団基準に限定を図った連
邦憲法裁の判示はどうだろうか。連邦憲法裁は一貫して、可罰的な集団侮辱の
要件である概観可能で境界付けられた集団といえるには、単にそのような集団

を何らかの大規模集団の部分集団として定義づけられるだけでは不十分である
とする。そうではなく、その集団に属する構成員が、当該表現に個人化された
かたちで組み込まれていることが認定されなければならないとする。

　問題は「個人化された（personalisierte）」といえるか否かであるが、これまで
の連邦憲法裁の判示を参考に、わが国における集住地区でのヘイトスピーチと
いう文脈で検討すると、①単に集住地区における在日コリアンが朝鮮人全体の
部分集団を成すという理由だけでは足りず、②行為者がそこに在日コリアンが
居るであろうことを認識してあえて集住地区に出向いた、あるいは③その場で
相手方から表現をやめるよう要求されたにもかかわらず継続した、といった事
情でも不十分だということになろう。

　これに対して、たとえば、「これ見よがしに」集住地区の在日コリアン個々
人に向けたといえる行為態様でのヘイトスピーチであれば、これに集団侮辱を
適用する余地があることになろう。もっとも、その具体的な適用については、
わが国におけるヘイトスピーチの実態に即して、主観的な印象に左右されない
要件を示すことが求められる。

2　面前性と不真正集団侮辱：特定人に対する侮辱

　なお、わが国の憲法学説で示されている、集住地区に限らず、路上街宣で被
攻撃集団構成員に直接向けられた面前かつ１段階の害悪を生じさせる類型は、[44]
Geppert による前述の（ⅲ）不真正集団侮辱類型に相当し得るようにも思われ
る。わが国の判例・通説も、表現の内容および文脈から特定人に向けられたこ
とが推知される場合は名誉毀損罪が成立することを認める。[45]

　ただし、ドイツ刑法185条の侮辱と異なり、わが国の名誉毀損罪・侮辱罪で
は公然性が要件とされているため、Geppert の想定するような当事者のみの事
例では不十分である。したがって、あくまで不特定多数人の聴衆がいる中で、
特定個人に向けられていると推知できる場合でなければならないだろう。[46]

5　おわりに

　憲法学説の問題提起は、刑法学的には、不特定型の表現（集団呼称）を用いてはいるが特定型の表現（個々人に対する表現）として名誉毀損罪・侮辱罪の成立が認められる類型があるか否か、あるとすればどのような要件のもとで認められるか、という論点として受け取ることができる。この論点について、ドイツ刑法における集団侮辱の解釈手法を参照して検討したところ、次のような結論が導かれた。

・一見して「朝鮮人」一般に向けられた表現であっても、四囲の客観的状況等から、「これ見よがしに」集住地区の在日コリアン個々人に向けたといえる行為態様であれば、これに集団侮辱を適用する余地がある。
・集住地区以外でも、不特定多数人の聴衆がいる中で、特定個人に向けられていると推知できる場合は、特定人に向けた表現と解することができる。

　なお、以上の検討は、現行の名誉毀損罪・侮辱罪を前提としたものであり、ヘイトスピーチに特有の侵害法益に着目したものではない。それゆえ、本章で検討した解釈は、一方では、ヘイトスピーチを包括的に規制することは目的としておらず、他方では、ヘイトスピーチ以外の名誉毀損表現についても妥当しうるものであることに注意しなければならない。ドイツの学説でも集団侮辱の実務が有する「小さな国事犯」としての側面に警鐘が鳴らされていたように、集団侮辱が差別防止機能に果たす役割の限界は常に意識しておく必要があろう。

　したがって、立法論としては、憲法学説が主張するような、個人的法益を侵害する粗暴犯型の犯罪類型としてヘイトスピーチ規制を検討することも考えられよう。もっとも、私見ではヘイトスピーチに特有の侵害法益は社会的法益であり、その法益保護は刑事規制には馴染まないため、構造的差別の是正等を目的とした準司法的な救済機関ないし和解・調停制度によるべきと考えている[47]（⇒本書第6章「ヘイトスピーチの人権法による統制の可能性」も参照）。

　ただし、その侵害法益の精緻化はなお不十分である。とりわけ、近年しばし

ば言及される「人間の尊厳」などは論者によりその内実に少なからぬ相違があるように見受けられる。[48]たとえばJeremy Waldronや平川宗信の見解を参照しつつ、その「環境的な財」としての側面に着目し、具体化することなども考えられるが、別稿に譲る。[49]

1）　曽我部真裕「ヘイトスピーチと表現の自由」論究ジュリスト14号（2015年）155頁以下、LAZAK編『ヘイトスピーチはどこまで規制できるか』（影書房、2016年）135頁〔木村草太発言〕以下、奈須祐治『ヘイト・スピーチ法の比較研究』（信山社、2019年）507頁以下。

2）　奈須・前掲注(1)508頁。

3）　曽我部・前掲注(1)157頁、LAZAK編・前掲注(1)135頁〔木村草太発言〕。

4）　奈須・前掲注(1)509頁。

5）　曽我部・前掲注(1)155頁。

6）　LAZAK編・前掲注(1)134頁〔木村草太発言〕。

7）　脅迫罪については、櫻庭総「ヘイトスピーチ規制における刑事法の役割と限界」法学セミナー編集部編『ヘイトスピーチに立ち向かう』（日本評論社、2019年）82頁参照。

8）　山口厚『刑法各論〔第二版〕』（有斐閣、2010年）135、149頁など参照。

9）　団藤重光『刑法綱要各論〔改訂版（増補）〕』（創文社、1988年）495頁。

10）　平川宗信『憲法的刑法学の展開』（有斐閣、2014年）265頁。

11）　小野清一郎『刑法における名誉の保護〔増補版〕』（有斐閣、1970年）318頁。なお、差別表現が問題となった事例をとりあげ、名誉感情保護の視点から侮辱罪の公然性要件に関する新たな解釈を提起するものとして、小名木明宏「侮辱罪の被害者視点へのシフトについて」GEMC journal 3号（2010年）12頁参照。

12）　平川宗信『名誉毀損罪と表現の自由』（有斐閣、1983年）189頁。もっとも、平川は、結論としては公然性要件の維持が望ましいとする（同189-90頁）。また、平川は、後に侮辱罪の保護法益を「人間の尊厳の社会による承認」と修正することで、「面前でなくても公然と表現・情報流布がされることで人間としての尊厳に関する社会的情報状態は害されるから、私見は、……面前性を要件とせず公然性を要件とする現行の侮辱罪の規定とも良く適合する」と主張する。平川・前掲注(10)271-272頁。

13）　詳細については、櫻庭・前掲注(7)83頁参照。

14）　LAZAK編・前掲注(1)142頁〔木村草太発言〕。

15）　大判大15・3・24刑集5巻117頁、山口・前掲注(8)136頁など参照。

16）　櫻庭総「ヘイトスピーチと集団侮辱——集団呼称による個人に対する名誉毀損罪成立の可能性」山口経済学雑誌67巻6号（2019年）93頁以下。

17）　集団侮辱に関する見通しのよいコンメンタールとしては、vgl. Lenckner/Eisele in Schönke/Schröder StGB 29.Aufl. 2014. §§185 ff. Rn. 5-8, Regge/Pegel in Münchener Kommentar Band 4, 3.Aufl. 2017. Vor §185 Rn. 56-60, StGB Studienkommentar 12. Aufl. 2018. Vor §185 Rn. 22-28.

18）　Klaus Geppert, Zur Frage strafbarer Kollektivbeleidigung der Polizei oder einzelner

Polizeibeamter durch Verwendung des Kürzels"a.c.a.b.", ZStZ 2013, S. 558.

19)　Markus Wehinger, Kollektivbeleidigung − Volksverhetzung, Nomos Verlag, 1994, S. 17.

20)　集団侮辱に関する判例史についてはFoerstnerによる概観が詳しいが、これについては櫻庭・前掲注(16)112頁以下参照。

21)　Vgl. Wehinger, a.a.O. (Fn.19), S. 38.

22)　Nikolaos Androulakis, Die Sammelbeleidigung, Luchterhand, 1970, S. 33.

23)　Wehinger, a.a.O. (Fn.19), S. 40.

24)　Vgl. Georg Foerstner, Kollektivbeleidung, Volksverhetzung und"lex Tucholsky", Berlin Verlag, 2002, S. 50-51.

25)　Foerstner, a.a.O. (Fn.24), S. 72.

26)　Regge/Pegel in Münchener Kommentar, a.a.O. (Fn. 17), Vor §185. Rn. 60.; Lenckner/Eisele in Schönke/Schröder, a.a.O. (Fn.17), §§185 ff. Rn. 8.

27)　Wehinger, a.a.O. (Fn.19), S. 58-63.

28)　Foerstner, a.a.O. (Fn.24), S. 68-71.

29)　Rainer Zaczyk in Kindhäuser/Neumann/Paeffgen〔Hrsg.〕, Nomos Kommentar StGB, 5. Aufl. 2017. §§185 ff. Rn. 34-36.

30)　Benedikt Klas/Caroline Blatt, "ACAB"− Strafbare Beleidigung von Polizisten?, HRRS 2012, S. 388.

31)　なお、「黒ズボン事件」や「横断幕事件」といった事件名は、著者がここで便宜上名付けたものであり、ドイツで一般的に使用されているわけではない。

32)　BVerfG, Beschluss v. 26.2.2015 − 1BvR 1036/14, NJW 2015, 2022. Anm. Stefan Muckel, JA 2015, 797.

33)　リュート判決については、木村利夫「言論の自由と基本権の第三者効力」ドイツ憲法判例研究会編『ドイツの憲法判例〔第２版〕』(信山社、2003年) 157頁以下参照。

34)　相互作用論については、上村都「ドイツ連邦憲法裁判所初期判例における意見自由と名誉保護」名城大学大学院法学研究科研究年報27集 (1999年) 15頁以下、ハインリヒ・ショラー (川又伸彦訳)「解釈の原理の問題としての基本権とその制約の相互作用」比較法雑誌26巻４号 (1993年)１頁以下参照。

35)　「兵士は殺人者だ」事件判決については、小山剛「意見表明の自由と集団の名誉」ドイツ憲法判例研究会編『ドイツの憲法判例Ⅱ〔第２版〕』(信山社、2006年) 168頁以下、上村都「ドイツにおけるヘイトスピーチ規制」駒村圭吾・鈴木秀美編『表現の自由Ⅰ——状況へ』(尚学社、2011年) 476頁以下参照。

36)　「13 12」がアルファベットの順番を意味するとすれば、「AC AB」となる。

37)　本判決については佐藤琢磨「判批」判例時報2379号 (2018年) 124頁以下参照。

38)　Stefan Muckel, Kollektivbezeichnung von Polizeibeamten kann von der Meinungsfreiheit geschützt sein − "ACAB", JA 2016, 715. なお、本判決については、金尚均『差別表現の法的規制——排除社会へのプレリュードとしてのヘイト・スピーチ』(法律文化社、2017年) 253頁以下も参照。

39)　Stefan Muckel, Meinugsfreiheit schützt nicht jede Kollektivbeleidigung −"A.

C.A.B."kann auch strafbar sein, JA 2017, 877-878.

40)　Matthisa Jahn, Anm., JuS 2016, S. 754.

41)　連邦憲法裁の一連の判決への批判的な考察から、純個人的な名誉概念へのラディカルな批判を通じて、団体としての警察や軍隊の名誉保護を図るべきだと主張するものとして、Bernd Rüthers, Meinungsfreiheit und Ehrenschutz bei Kollektivurteilen – Zur Zulässigkeit von Pauschalbeleidigungen, NJW 2016, S. 3337. また、これら連邦憲法裁の判決が出される以前の論考であるが、A.C.A.B.表現を以前問題となった「兵士は殺人者だ」表現と比較し、一方では、A.C.A.B.は、「兵士は殺人者だ」とは異なり、様々に観念できる警察官の義務のどれを念頭に置いているか全く明らかでないとするが、他方では、「Bastard」という誹謗は、議論や意見交換ではなく、人格への誹謗が前面に出ているとして、名誉と意見表明の天秤には、「兵士は殺人者だ」をめぐる論争に比べて重要ではないものが載せられているのかもしれないと示唆するものとして、Geppert, a.a.O.（Fn. 18）, S. 559.

42)　Vgl. OLG Rostock, Beschl. v. 12.2.2018. NStZ 2018, 539.; OLG Frankfurt a.M., Beschl. v. 23.5.2018. NStZ 2020, 39.

43)　これに関連して、ドイツでは、表現内容が被差別マイノリティ集団に関する既存の偏見に結びついている場合は、大規模集団についても集団侮辱が成立するとの見解も示されているが、これについては、櫻庭・前掲注(16)131頁以下参照。

44)　奈須・前掲注(1)507頁。

45)　最三判昭28・12・15刑集7巻12号2436頁、団藤・前掲注(9)499頁、西田典之『刑法各論〔第五版〕』（弘文堂、2010年）109頁、伊藤渉ほか『アクチュアル刑法各論』（弘文堂、2007年）118頁〔島田聡一郎執筆〕など。

46)　これに関して、たとえばLAZAK編・前掲注(1)133頁「ヘイトスピーチ事例の分類表」では、「路上で指をさして『チョンコ！チョンコ！チョンコ！』『これがチョンコですよ！』『どつきまわしてやってください！』と叫ぶ」場合が示されているが、このような表現を特定人に向けたものと解することは問題がないであろう。

47)　櫻庭総「名誉に対する罪によるヘイトスピーチ規制の可能性」金尚均編『ヘイト・スピーチの法的研究』（法律文化社、2014年）122頁および櫻庭・前掲注(7)91頁以下参照。

48)　櫻庭・前掲注(7)89頁参照。

49)　櫻庭総「ヘイトスピーチ規制の保護法益と人間の尊厳」山口経済学雑誌69巻6号（2021年）129頁以下参照。

＊本章はJSPS科研費JP19K01347の成果である。

第 **Ⅱ** 部　ヘイトスピーチに対する実効的な施策

第4章

インターネット上のヘイトスピーチとその規制

成原　慧

1　はじめに

　今日の日本社会においてヘイトスピーチは重大な人権問題として認識されるようになっているが、マイノリティの人々が居住する地域の公共空間と並んで、ヘイトスピーチをめぐる主戦場となっているのが、インターネットである。そこで、本章では、国内外の関連する法規制や自主規制を検討することを通じて、インターネット上のヘイトスピーチ規制のあり方について考察し、今後の課題を示すことにしたい。

2　インターネット上のヘイトスピーチの実態と特性

1　特定型のヘイトスピーチと非特定型のヘイトスピーチ

　ヘイトスピーチは、一般に、特定の人種・民族・国籍の人々を、その属性ゆえに憎悪、差別し、排除することを扇動する表現と定義することができる[1]。ヘイトスピーチは、特定の個人の権利を侵害する「特定型のヘイトスピーチ」とそれ以外の「非特定型のヘイトスピーチ」に区別することが可能である。

　「特定型のヘイトスピーチ」については、名誉毀損や侮辱、業務妨害など個人的法益に対する犯罪や不法行為に当たる場合には、現行法でも対応可能であるが、後述のとおり、捜査機関やインターネット事業者の対応が必ずしも十分ではないほか、被害者が民事訴訟により損害賠償を請求するための前提とし

て、プロバイダ責任制限法に基づく発信者情報の開示に少なからぬ時間・負担を要するといった課題が指摘されている。

　一方、「非特定型のヘイトスピーチ」については、個人の権利を侵害しないものであるため、基本的に個人的法益の侵害や不法行為には当たらず、また、ヘイトスピーチを違法としていない日本の現行法では対応が困難であることから、プラットフォーム事業者等による自主規制に委ねられている面が大きい。

2　現実空間のヘイトスピーチとインターネット上のヘイトスピーチ

　ヘイトスピーチは、従来から道路や公園など現実空間で行われてきたが、近年では電子掲示板、ネットニュースのコメント欄、SNSなどインターネット上でも広く行われるようになっている。

　現実空間のヘイトスピーチとインターネット上のヘイトスピーチは密接に関連している。たとえば、ヘイトスピーチを行う団体は、SNS等でデモ等への参加を呼びかけるとともに、デモ等の映像をYouTube等にアップロードして拡散することが多くなっており、これによりヘイトスピーチの被害が拡大していると指摘されている[2]。

3　インターネット上のヘイトスピーチとカウンタースピーチ

　2016年度に行われた法務省の在留外国人を対象とする委託調査によると、回答者の中でインターネットを利用している者のうち、「日本に住む外国人を排除するなどの差別的な記事、書き込みを見た」との質問に対し「よくある」と回答した者が10.4%、「たまにある」と回答した者が31.2%を占めていた。また、「上記のような記事、書き込みが目に入るのが嫌で、そのようなインターネットサイトの利用を控えた」との質問に対し「よくある」と回答した者が6.4%、「たまにある」と回答した者が13.4%を占めていた[3]。このような調査結果を踏まえると、インターネット上のヘイトスピーチによりマイノリティの人々のインターネット上の表現の自由の行使に一定程度の事実上の萎縮効果が生じているといえるかもしれない[4]。

　他方で、インターネットでの匿名ないし仮名での発信は、マイノリティの

人々らによるヘイトスピーチへの反論や差別の告発を支えている側面もある。また、インターネット上ではヘイトスピーチに対して、利用者による批判・反論、プラットフォーム事業者による警告・注釈など、様々なカウンタースピーチが広く行われるようになっており、ヘイトスピーチの抑制やその害悪の緩和に一定の効果を挙げているとの見方もある。[5]

4　媒介者の役割と責任

　インターネット上の表現活動は、ソーシャルメディアなど媒介者・プラットフォーム事業者が提供する場を通じて行われる。媒介者・プラットフォーム事業者は、インターネット上の表現の自由を支える役割を果たしている。他方で、媒介者・プラットフォーム事業者は、利用者に表現活動のための場を提供しているがゆえに、利用者の発信したヘイトスピーチなど違法ないし有害な情報の流通について、法的・社会的な責任を問われる場合がある。[6]

3　インターネット上のヘイトスピーチに関する法令および関連する取組み

1　ヘイトスピーチ解消法およびヘイトスピーチ規制条例

　今世紀に入ってからの日本では、インターネット上のヘイトスピーチが顕在化していった。また、2000年代後半以降、関西圏や関東圏を中心に在日コリアンらに対するヘイトスピーチを行うデモや集会などが増大し、インターネット上でもそれらを拡散する表現が増大した。[7]

　2014年に国連の自由権規約委員会および人種差別撤廃委員会が日本政府にヘイトスピーチへの対処を勧告した。このうち、人種差別撤廃委員会の勧告の中では、「集会・デモおよびインターネットを含むメディアにおけるヘイトスピーチならびに人種差別的な暴力及び憎悪の扇動の広がり」について懸念が示され、「インターネットを含むメディアにおいて、ヘイトスピーチに対処する適切な措置をとること」などが勧告されている。[8]

　このような国内外の動向を踏まえ、2016年に議員立法によりヘイトスピーチ解消法が国会に提出され、成立した。

大阪市、東京都、川崎市など一部の地方公共団体も、地域の実情に応じてインターネット上の表現を含むヘイトスピーチを規制する条例を制定している。[9]

2　関連する国の取組み

法務省人権擁護局は、インターネット上で人権侵害やヘイトスピーチを受けた被害者からの申立てを受けて、プロバイダ等に対し削除要請等の救済措置を行ってきた。もっとも、従来は、特定の個人の人権侵害が認められない非特定型のヘイトスピーチの削除要請等に対しては慎重な姿勢がとられてきた。

2019年、法務省人権擁護局はインターネット上のヘイトスピーチへの対応のあり方について通知を行った。通知はまず、「インターネット上の人権侵害情報による人権侵犯事件に関する処理要領」が「特定の者」に対する不当な差別的言動を削除要請等の救済措置の対象としてきたところ、「集団等が差別的言動の対象とされている場合であっても、①その集団等を構成する自然人の存在が認められ、かつ、②その集団等に属する者が精神的苦痛等を受けるなど具体的被害が生じている（又はそのおそれがある）と認められるのであれば、……「特定の者」に対する差別的言動が行われていると評価すべき」との解釈を示した。また、「人権侵犯性が認められない差別的言動であっても、その調査の過程において、当該差別的言動がヘイトスピーチ解消法第2条に規定する「本邦外出身者に対する不当な差別的言動」に該当すると認められたものについては、プロバイダ等に対し、その旨の情報提供を行い、約款に基づく削除等の対応の検討を促すことが望ましい」と述べている。[10] 本通知を受けて、各地の法務局がインターネット上のヘイトスピーチへの対策がより積極的にとられるようになることが期待されている。

3　媒介者・プラットフォーム事業者による自主規制

インターネット関係の事業者団体の策定する「違法・有害情報への対応等に関する契約約款モデル条項」1条では「契約者は、本サービスを利用して、次の行為を行なわないものとします」と定められた上で、禁止事項として「（3）他者を不当に差別もしくは誹謗中傷・侮辱し、他者への不当な差別を助長し、

またはその名誉もしくは信用を毀損する行為」が掲げられている[11]。

　ヘイトスピーチ解消法の制定を受けて、モデル条項の解説が2017年に改訂され、1条（3）の解説として、他者に対する不当な差別を助長する等の行為に、「本邦外出身者に対する不当な差別的言動」を含むヘイトスピーチなどが含まれることを示した[12]。これを受けて、プロバイダ等が約款に基づきヘイトスピーチ等の削除に従来よりも積極的に応じるようになっている。

　もっとも、従来のインターネット事業者によるヘイトスピーチの自主規制については不十分性も指摘されている。日本では、一般にインターネット上の違法情報については、警察庁が委託したセーファーインターネット協会の運営するインターネット・ホットラインセンターが、利用者からの通報を受け、判断基準に照らして違法情報に該当するものについては、発信者やプロバイダに削除要請を行ってきた。また、有害情報については、同じくセーファーインターネット協会が運営するセーフラインと呼ばれるホットラインが、同様の対応を行ってきた[13]。しかし、ヘイトスピーチは、どちらの基準でも削除要請の対象とされていないことから[14]、非特定型のヘイトスピーチについては業界レベルでの対応は必ずしも十分に行われていないという課題がある。

4　外国の法令・自主規制

1　米　　国

　次に欧米における関連する法令・自主規制を概観しておきたい。

　米国では表現の自由を重視する見地からヘイトスピーチの規制には消極的な姿勢がとられてきた。米国の判例は、ヘイトスピーチを規制する立法について、内容中立性を要求するなど、表現の自由を重視する見地から厳格に合憲性を判断してきた。米国の判例では、個人または集団を脅迫する意図をもってヘイトスピーチが行われる場合など、きわめて限られた状況においてしかヘイトスピーチ規制は許容されていないといえる[15]。このため、米国では、インターネット上のヘイトスピーチについても基本的に法規制は行われていない。

　もっとも、FacebookやTwitterをはじめ多くの米国の主要なプラットフォー

ム事業者はインターネット上のヘイトスピーチに対して自主規制を行うように
なっている[16]。米国の主要なソーシャルメディア事業者は、欧州諸国のヘイトス
ピーチ規制に近い定義で禁止されるヘイトスピーチを定義しつつ、アメリカ流
の方法で自主規制を執行し、利用者の表現の自由を重視して、削除について慎
重な判断を行ってきたとされる[17]。このようなプラットフォーム事業者によるヘ
イトスピーチを含む利用者の発信した情報の削除・編集は、通信品位法230条
により免責の対象とされることにより、許容され、推奨されてきたといえる[18]。
最近では、各国におけるヘイトクライムやヘイトスピーチの深刻化を受けて、
ヘイトスピーチ対策を求める国際世論が高まっているのを受けて、Facebook
など主要な米国のプラットフォーム事業者は、ヘイトスピーチに対する自主規
制を強化し、ヘイトスピーチを迅速に削除するようになっている[19]。

2　欧　　州

　欧州では、ナチスによるユダヤ人への迫害の歴史などを踏まえ、ドイツをは
じめ、集団への侮辱や憎悪の扇動に当たるヘイトスピーチを規制し、規制に違
反してヘイトスピーチを行った者に刑事罰を科す国が多い[20]。インターネット上
のヘイトスピーチについても、各国のヘイトスピーチ規制が原則として適用さ
れ、ヘイトスピーチを行った者に刑事罰が科されている。

　さらに、近年の欧州では、インターネット上のヘイトスピーチについてプ
ラットフォーム事業者の法的・社会的責任が問われるようになっている。欧州
委員会は、インターネット上の違法なヘイトスピーチの拡散を防止するため、
2016年に主要なプラットフォーム事業者との間で行動規範を策定し、プラット
フォーム事業者に、削除通知を受け速やかに審査を行い、違法なヘイトスピー
チを削除するよう求めるなど[21]、ヘイトスピーチに対する共同規制の枠組みを構
築している[22]。また、欧州各国でも、インターネット上のヘイトスピーチに対す
る規制が強化されている。たとえば、ドイツでは、2017年にネットワーク執行
法が制定され、民衆扇動罪に当たるヘイトスピーチなどドイツ刑法において犯
罪とされる一定の違法情報について、ソーシャルメディア事業者に、苦情を受
けてから一定時間内（明らかに違法な情報の場合には24時間以内、それ以外の違法な

情報についても原則として1週間以内)に違法情報を削除等する対応をとるなど苦情対応の手続を整備する義務、苦情対応の状況を報告する義務などが課され、違反した場合には過料が科されている。[23]フランスでは、2020年に議会がプラットフォーム事業者に明らかに違法なヘイトスピーチを24時間以内に削除することなどを義務づける法案を可決したが、同年6月に憲法院が表現の自由を侵害するとして同法案の一部規定を違憲と判断している。[24]

5　インターネット上のヘイトスピーチに対する規制手法

1　削除要請

　以下では、日本の条例による規制を題材に、インターネット上のヘイトスピーチに対する規制手法を比較検討していく。

　大阪市ヘイトスピーチ対処条例では、表現活動がヘイトスピーチに該当するとされた表現活動について、市長に拡散防止措置をとる権限が与えられている(5条1項本文)。拡散防止措置の例としては、施設管理者への看板や掲示物の撤去の要請や、プロバイダへの削除要請が挙げられている。[25]実際、同条例に基づきヘイトスピーチと認定されたインターネット上の動画について、プロバイダに対する削除要請がなされ、当該動画がサイトから削除されたという事実が確認されている。[26]

　条例に基づく削除要請を受けた媒介者による削除は、媒介者による(自主)規制として機能する。[27]それでは、行政による拡散防止措置を受けた媒介者による投稿の削除は、表現の自由との関係でいかなる態様・方法の規制と評価することができるのだろうか。大阪市が公表している本条例の解説および審査の実例は、拡散防止措置等を定める条例5条の趣旨について、「ヘイトスピーチを事前に規制をすることについては、憲法が保障する表現の自由の観点から慎重であるべきことや、表現内容がヘイトスピーチに該当するかどうかについてはその内容を確認しなければ判断できないことから困難であり、事後的な被害の拡大防止や救済が主とならざるを得ない」との認識を示した上で、「こうしたことから、この規定は、ヘイトスピーチに対する措置として表現内容の拡散防

止の措置及び認識等の公表を行うこと……を定めてい」ると解説している[28]。すなわち、市の解釈として、拡散防止措置は、すでに発表された表現をこれ以上拡散されないようにする措置として捉えられていることになる。

　この点につき、同条例で定められた措置等を実施するための支出の違法性が争われた住民訴訟において、大阪地裁は、「拡散防止措置等は、いずれも表現活動が行われた後に行われるものである上、そのうち、拡散防止措置は、看板や掲示物の撤去要請やインターネット上の表現活動については削除要請等を行うものである一方、要請に応じなかった場合に制裁を課すものではない」と述べるとともに、「拡散防止措置等が合理的なものであって、市長による権限の濫用がないか否かについては、学識経験者等により構成される附属機関に対する諮問が予定されている」と述べている[29]。大阪地裁は、拡散防止措置が事後規制であるという評価、要請に応じなかった場合に制裁を課していない点、審査会による審査が予定されている点を踏まえ、規制の必要性・合理性を認めているものと思われる。

　大阪市条例について、法治主義の見地からは、市長による事業者に対する要請について、条例上の根拠を定めた点は評価することができるだろう。また、たしかに、同条例の定める拡散防止措置は、表現の発表後に行われるので、判例上の「検閲」にも「事前抑制」にも当たらない。しかし、行政の判断により、多数の受け手に表現が到達する前に、表現が広汎に不透明な形で抑制されるおそれがあるという点では、拡散防止措置は、機能的に検閲・事前抑制に近い性質をもつ側面も認められように思われる[30]。すなわち、拡散防止措置に基づく削除は、表現の場そのものを奪い、その妥当性の評価も困難にしてしまうおそれがある。したがって、削除についての透明性や説明責任をいかに確保するかが課題となるだろう。また、インターネット上の投稿の削除は、表現を事前に制約する点で、公共施設の利用制限と機能的に類似の問題を有している側面もある。もっとも、インターネット上では別の表現の場を見つけることは比較的容易なことが多いことから、インターネット上の情報の削除は、代替手段の少ない公の施設の利用制限とは区別することも可能であろう。

2　発信者の氏名公表

　大阪市条例に基づき市長は、ヘイトスピーチに該当するとされた表現活動について、当該表現活動がヘイトスピーチに該当する旨、表現の内容の概要およびその拡散を防止するためにとった措置並びに当該表現活動を行ったものの氏名又は名称を公表することができる（5条1項本文）。大阪市によれば、公表は「ヘイトスピーチに該当するものであるとの認識、……ヘイトスピーチを行ったものの氏名又は名称を公表することで、……社会的な批判を惹起しその抑止につなげる」ことが目的とされている[31]。すなわち、大阪市は氏名等の公表がヘイトスピーチへの抑止効果があると考えていることがわかる。氏名等の公表がヘイトスピーチに抑止効果を与えることは正当化できるとしても、それ以外の正当な表現活動に萎縮効果を与えるおそれが懸念される[32]。法の「抑止効果」とそれに伴う「萎縮効果」は連続的で必ずしも区別できない面がある[33]。また、大阪市条例では氏名等の公表により「社会的な批判を惹起しその抑止につなげる」ことが狙われているが、米国の判例では、国家による間接的な表現抑圧と社会的圧力との相乗効果により萎縮効果が生じるおそれが認められてきた[34]。

　この点につき、前掲・大阪地判は、「認識等公表は、市長が表現活動を行った者の氏名を把握している場合に、その公表ができるにとどまり、当該表現活動を行った者の氏名を把握しているウェブサイトを管理するプロバイダ等に当該氏名の開示を義務付ける規定は存しない」ことなどを理由に、公共の福祉による合理的で必要やむを得ない限度の制限であると判示している。また、認識等公表は、表現活動を行った者が差別的表現をした旨を公表する点において、社会的評価を著しく低下させ、表現を萎縮させるとともに、匿名により表現活動を行う者に対して表現を著しく萎縮させるとの原告らの主張についても、「匿名による表現活動を行う自由は、憲法21条1項により保障されているものと解される」と認めつつも、「認識等公表は、公共の福祉による合理的で必要やむを得ない限度の制限にとどまる」として、これを退けている。

　大阪地裁が氏名等の公表による萎縮効果の可能性や程度、その許容性について立ち入った検討をしていない点は、問題といえる。もっとも、今日のインターネット上において地方公共団体による氏名等の公表により正当な表現活動

に萎縮効果が現実にどれだけ生じるのかは疑問もある。萎縮効果がどの程度働くかは社会の「雰囲気」に依存するからである。今日の日本のインターネット上で地方公共団体によるヘイトスピーチを行った者の氏名等の公表が、反論を許さないほどの権威をもち、ヘイトスピーチ以外の正当な表現活動にも萎縮効果を与えるような「雰囲気」があるかどうかは疑問であろう。

　条例に基づく氏名等の公表は、「社会的な批判」という思想の自由市場の正攻法の効果に期待しているともいえる。氏名等の公表は、法による言論市場の正常な作動の支援として評価することもできるだろう。もっとも、国や地方公共団体が思想の自由市場にどこまで介入してよいかという問題は残る。

3　規制手法の比較

　大阪市条例に基づく削除要請について、氏名等の公表の場合に比べ、手続保障が簡略化（条例5条3項・6条3項）されている点には疑問の余地もある。要請を受けたプロバイダ等がヘイトスピーチを削除する蓋然性が高いのであれば、「批判」による「抑止」の場合に比べより直接的な表現の自由への事実上の制約効果が生じることになる。一方、氏名等の公表には萎縮効果のおそれも認められるものの、対抗言論は可能である。「刑事立法が表現の自由を萎縮（chill）させるのに対して、事前抑制は表現の自由を凍結（freeze）させる」というアレクサンダー・ビッケルの一節が示しているように、事前抑制は、事後処罰による萎縮効果に比べ、表現の自由を即時により強度に制約するものとして警戒されてきた。今日ではソーシャルメディアのアカウントの利用停止が「凍結」と呼ばれることにも示されているように、インターネット上の表現内容を理由とした投稿の削除やアカウントの停止は、十分な手続保障なしに以降の表現活動や情報の流通を抑制する効果を有しているなど、伝統的な事前抑制に相当ないし類似する側面があり、刑事罰や氏名公表による萎縮効果以上に、直接に表現の自由を強力に制約するおそれもある。とくに削除されたプラットフォームに代替する他の表現の場を確保することが事実上不可能ないし困難な場合には、削除による表現の自由の抑制効果は深刻なものとなるであろう。

　したがって、氏名等の公表よりも拡散防止措置の方を、謙抑的に判断すべき

場合もあるのではないかと思われる。すなわち、明らかに削除すべきヘイトスピーチに当たるか明白ではない場合には、表現は残しておき、表現を行った者の氏名等を公表した上で、表現の妥当性について思想の自由市場における批判に委ねるという選択肢もありうるのではないだろうか。

6　インターネット上のヘイトスピーチ対策に関する課題

1　プラットフォーム事業者・媒介者の責任

以上の検討を踏まえ、今後の課題を挙げておきたい。

インターネット上のヘイトスピーチ対策を進める上では、個々のヘイトスピーチの発信者のみならず、ヘイトスピーチが掲載される場を設置・管理するプラットフォーム事業者・媒介者の責任も問われる余地がある。

2018年10月、大阪市ヘイトスピーチ審査会は、2件のまとめサイトについてインターネット上の電子掲示板「2ちゃんねる」の投稿を編集して作成した記事を掲載していた行為がヘイトスピーチに該当すると答申した。答申は、「本件まとめ記事は……一定の思想や考えの下で編集したものであり……本件表現活動者による取捨選択や配列により取りまとめが行われていることから、本件まとめ記事自体が独立した一つの表現として成立している」と認定した。そして、うち1件のまとめサイトにおける第三者によるコメントの取扱いについて、本件表現活動者が本件まとめ記事を通じて特定のコメントの投稿を誘引していると客観的に認められる場合であって、当該コメントによって本件まとめ記事自体には直接表現されていない表現内容が顕在化・増幅していると明らかに認められる場合には、当該コメントにより顕在化・増幅された表現内容も調査審議の対象とすべきであるとした上で、本件まとめ記事の内容やタイトル、不特定の者がコメントを自由に投稿できる設定などを考慮して、本件表現活動者は本件まとめ記事を通じてその趣旨や内容に沿ったコメントを誘引していると客観的に認められるとした[40]。

また、在日朝鮮人のジャーナリストが、まとめサイト「保守速報」に自らに関する「2ちゃんねる」の投稿等の内容をまとめたブログ記事が掲載されたこ

とが名誉毀損や人種差別に当たり、これにより精神的損害を被ったとして、同サイトの管理者に対し損害賠償を求めた訴訟において、大阪地裁は、「被告による表題の作成、情報量の圧縮、レス又は返答ツイートの並べ替え、表記文字の強調といった行為により、本件各ブログ記事は、引用元の投稿を閲覧する場合と比較すると、記載内容を容易に、かつ効果的に把握することができるようになった」などとして、「被告による本件各ブログ記事の掲載行為により新たに侮辱、人種差別及び女性差別を受けたと認めるのが相当」であると判示した。[41] 控訴審の大阪高裁も、「本件各ブログ記事は、控訴人が一定の意図に基づき新たに作成した一本一本の記事（文書）であり、引用元の……スレッド等からは独立した別個の表現行為である」と判示した。[42]

　上記の答申や裁判例は、いずれも差別的な意図に基づきヘイトスピーチに当たる表現を編集・掲載したり、ヘイトスピーチに当たるコメントを積極的に誘引しようとしたまとめサイトの管理者の責任が問われた事例について判断したものであり、差別的な意図をもたずに多種多様な情報を編集・掲載するキュレーションサイトや、管理者の意図と無関係にヘイトスピーチが書き込まれたニュースサイトなど、一般のプラットフォーム事業者・媒介者の責任には、射程が及ぶものではないだろう。もっとも、ニュースサイトの管理者等も、利用者からヘイトスピーチに当たるコメントが投稿された場合には、その悪質性に応じて、削除やファクトチェックの提供などの対応をとることが期待される。

2　通信の秘密との調整

　インターネット上でヘイトスピーチを行った者の氏名等の公表を行う際には通信の秘密との調整が必要となる場合が多い。憲法21条2項および電気通信事業法4条1項が通信の秘密を保障しており、通信の秘密の対象には通信の当事者に関する情報なども含まれていると解されているため、発信者情報も通信の秘密として保護される。したがって、プロバイダは、原則として発信者情報を開示することができない。インターネット上では、匿名ないし仮名で情報を発信している者も多いため、プロバイダから発信者情報の開示を受けられない限り、ヘイトスピーチの発信者の氏名を特定することが困難な場合も多い。その

ため、大阪市も条例に基づいてインターネット上のヘイトスピーチの発信者の実名を公表することに支障をきたしてきた[43]。

　プロバイダ責任制限法4条1項は、インターネット上の情報の流通によって自己の権利を侵害されたとする者は、侵害情報の流通によって自らの権利が侵害されたことが明らかで、損害賠償請求権の行使のために必要な場合など発信者情報の開示を受ける正当な理由があるときに限り、プロバイダに対し、発信者情報の開示を請求することができると定めている。

　同条の趣旨は、一定の厳格な要件が満たされる場合に、正当業務行為としてプロバイダに課せられた守秘義務が解除され、その結果、自己の権利を侵害されたとする者が発信者情報の開示を請求することができる旨を法定したものと解されている[44]。同条では、何らかの「権利」が侵害されていなければ、発信者情報を開示請求することはできないと解されている[45]。それゆえ、特定の個人の権利侵害を伴わない非特定型のヘイトスピーチを発信者情報開示請求の対象とすることは困難である。

　一方、特定型のヘイトスピーチの場合は、同条に基づく発信者情報開示請求の対象となりうるが、被害者は発信者を特定するために二回の裁判手続を経る必要があるなど、開示に要する時間・負担がかかるという課題が指摘されてきた。こうした問題を踏まえ、総務省の研究会では、発信者情報開示請求の対象の拡充のあり方や手続を円滑にするための方策などについて検討が行われ、開示対象となる発信者情報の範囲の見直し、新たな裁判手続の創設などが提言されている[46]。これを受けて、プロバイダ責任制限法の改正案が国会に提出され、2021年4月に成立した。

　また、現行法では、地方公共団体など第三者が他人の権利が侵害されたことを理由に発信者情報を開示請求することは想定されていない。この点について、大阪市の審査会は、市として、国に発信者を特定するための被害者の負担軽減を図るための制度改革について検討を行うよう求めていくことが考えられるとの答申を出している[47]。被害者支援という目的を促進する見地からは、答申が提言しているように、プロバイダ等から発信者情報が地方公共団体に提供されることになるよう、法改正を行うことは一つの選択肢として検討に値する

が、被害者本人による発信者情報開示請求を地方公共団体が支援するなど、現行法に基づき実現可能な取組みを進めることが先決だろう。

3　手続の迅速性と表現の自由の手続的保障の両立

　ヘイトスピーチの被害者の立場からは、ヘイトスピーチの削除やヘイトスピーチを行った者の特定について、より実効的で迅速な対応が求められるようになっている。このような立場から、ヘイトスピーチ問題に取り組む弁護士らにより構成される市民団体が、「インターネット上の人権侵害情報対策法モデル案」を公表している。モデル案では、内閣府にインターネット人権侵害情報委員会を設置し、委員会が被害者からの申立てを受けインターネット上の人権侵害について審査し、人権侵害があると信じるにつき相当な理由がある場合にはプロバイダ等に対し削除および発信者情報開示を要請する権限が認められている。モデル案には罰則が付されておらず、プロバイダ等は、具体的な理由を示せば、委員会の要請に従わないことも認められている。[48]このモデル案は、加害者を処罰するのではなく、人権委員会を設置して、被害者の人権救済を図ろうとする点で、人権法型のヘイトスピーチ規制を志向しており、表現の自由にも一定の配慮を示したものと評価することができよう。[49]

　他方で、一般に人権法の下では、規制文言の明確性や構成要件の厳密な充足が求められる刑事法と異なり、人権侵害となる行為を網羅的に規定して規制対象とするため、表現規制の対象も幅広くなる傾向がある。また、刑事裁判であれば被告人等のための適正手続保障のための規定が設けられているところ、人権法においては必ずしも適正手続保障のための規定は十分ではないという問題も指摘されている。[50]本モデル案では、委員会は申立てがあった日から 1 週間以内に削除要請を、2 週間以内に発信者情報の開示要請をしなければならないとされており、表現行為者への意見聴取の機会も設けられていないため、一方当事者の主張に基づき精査なく要請が行われるおそれもある。[51]また、プロバイダ等に求められる手続の時間（削除の場合48時間以内）も限られていることから、プロバイダによる慎重な判断が可能か疑問もある。

　なお、今日では、プラットフォーム事業者が人工知能（AI）を活用してヘイ

トスピーチを迅速に削除することも期待されるようになっているが、何がヘイトスピーチに当たるかは表現が行われた文脈などに依存するため、AIによる判断のみに委ねることは現実的ではなく、人による監視・判断が必要になることから、AIを活用した迅速な削除に過度の期待をすることは困難であろう。

　また、プラットフォーム事業者が、ヘイトスピーチの自主規制について、利用者や社会から理解を得て、実効的な対策を進める上では、利用規約において禁止するヘイトスピーチの内容を明確化・精緻化するとともに、その執行について透明性を高め、説明責任を果たしていくことが求められるだろう。

4　規範の多元性の尊重

　米国の法学では、ヘイトスピーチ規制を礼節（civility）の規範として捉えた上で、公権力が法により礼節の規範を強制することを批判する見解が有力に説かれている。たとえば、憲法学者のRobert Postは、公共討論の場においては、共同体において自明視されている価値・規範も含めあらゆる物事が論争の対象とされた上で、集合的な自己決定が行われるべきであり、ヘイトスピーチの禁止という共同体の礼節の規範が法により強制されるべきではないと論じている。一方、政治哲学者のJeremy Waldronは、ヘイトスピーチを行わずにヘイトスピーチ規制や差別禁止法に挑戦することは可能であり、また、マイノリティの人々に個人としての尊厳を保障し、社会の構成員としての地位を尊重されるという安心を与えるために、マイノリティの人々は最低限の礼節ある仕方で扱われる必要があり、一定の礼節の規範は強制される必要がありうるとして、Postを批判している。もっとも、Postを含め一般的なヘイトスピーチ規制に消極的な米国の法学者も、大学や職場など組織・機関の目的を実現するために一般社会とは異なる固有の礼節・作法が求められる場においてはヘイトスピーチ規制が許容される余地もあるとの見方を示している。

　インターネットでは、多種多様な言論の場が併存している。その中には、違法ではない表現については、まったくないしほとんど制約を課さずに、自由闊達な公共討論を推奨している場もあれば、反対に、利用者が安心して利用できる共同体として、言論について様々な制約を課している場もある。このよう

に、礼節をどの程度重視するかはプラットフォームによって変わりうるし、礼節の基準もプラットフォームにより変わりうる[57]。プラットフォーム事業者は、自らの設置・管理する場におけるヘイトスピーチへの対処のあり方を決定することを通じて、自らの設計・提供する場における礼節の規範を決定する権限を有している[58]。米国のインターネット上で行われているような、ヘイトスピーチに対する法規制は行わないものの、プラットフォーム事業者による多様なヘイトスピーチに対する自主規制を許容し推奨するというアプローチは、ヘイトスピーチという定義が困難な対象に、文脈の特性も踏まえ、柔軟に対処していくための有効な手法として、なお一定の評価が可能であるように思われる。

　プラットフォーム事業者は、各々の基準により、ヘイトスピーチに当たる投稿の削除、ヘイトスピーチへの対抗言論の提示、利用者の教育・啓発、アーキテクチャの設計など多様な手法を通じて、インターネット上のヘイトスピーチに対処し、ネット上の人権保護の規範形成に寄与することが期待される[59]。

5　インターネットの越境性への対応

　インターネットでは、国境を越えて情報が流通するため、インターネット上のヘイトスピーチ規制に対処する上でも、インターネットの越境性を考慮する必要がある。ある国がヘイトスピーチを法規制したとしても、国外から発信されるヘイトスピーチや、国外の拠点を置く媒介者・プラットフォームを通じて流通するヘイトスピーチに対し十分に執行を行うことができるとは限らない[60]。他方で、EUのような影響力の大きな法域においてインターネット上のヘイトスピーチの基準が定められ、TwitterやFacebookなどグローバルにビジネスを行うプラットフォーム事業者が、それに準拠してヘイトスピーチの自主規制の基準を定めることにより[61]、他国にも事実上の影響を及ぼすようになっている。しかし、何が規制すべきヘイトスピーチに当たるかは、その国・地域においてマイノリティが置かれている社会的・歴史的文脈に依存するはずである[62]。そうだとすれば、プラットフォーム事業者がインターネットのヘイトスピーチについて自主規制を行う際には、国・地域ごとの社会的・歴史的文脈の相違を踏まえ、きめ細やかに自主規制の基準を調整していくことが期待されるだろう[63]。

7　むすびにかえて

本章で明らかにしてきたとおり、インターネット上のヘイトスピーチに対しては、削除、氏名等の公表、対抗言論など様々なアプローチにより対策が進められるようになっている。ヘイトスピーチが基本的に違法とされていない米国や日本では、法により強制力を伴ってインターネット上のヘイトスピーチを規制することはできないが、プラットフォーム事業者等の自主規制により、依然として不十分な面はあるものの、インターネット上のヘイトスピーチ対策が進展してきた。ヘイトスピーチを行った者に刑事罰を科すことが、表現の自由との関係で慎重な検討が求められることはもとより、プラットフォーム事業者等にヘイトスピーチの削除を義務づける規制の導入についても、削除が表現の自由に対し事前抑制に相当ないし類似する側面を有する場合があることに鑑みると、慎重な検討が求められるだろう。それゆえ、特定型のヘイトスピーチに対しては、プロバイダ責任制限法の改正や運用の改善などにより、発信者の特定のための手続を迅速化・円滑化し、発信者への責任追及を容易にする一方で、非特定型のヘイトスピーチについては、多様な表現の場の文脈を踏まえ、プラットフォームごとの多様な自主的取組みの強化を促すことが、表現の自由を尊重しつつ、マイノリティの権利の保護を図る手法として適当なのではないかと思われるというのが、さしあたりの本章の結論である。

1）　ヘイトスピーチの定義につき、奈須祐治『ヘイト・スピーチ法の比較研究』ⅶ頁（信山社、2019年）、李・後掲注(2)7頁等を参照。
2）　李春熙「インターネット上のヘイトスピーチに関する基礎知識」第二東京弁護士会人権擁護委員会編『インターネットとヘイトスピーチ』（現代人文社、2019年）8-9頁参照。
3）　公益財団法人人権教育啓発推進センター「平成28年度法務省委託調査研究事業外国人住民調査報告書〔訂正版〕」（2017年6月）49-50頁参照。
4）　師岡康子「インターネット上のヘイトスピーチ被害の深刻さ」第二東京弁護士会人権擁護委員会編・前掲注(2)37-38頁参照。
5）　Nadine Strossen, *Hate: Why We Should Resist it with Free Speech, Not Censorship*, Oxford University Press, 2018, pp. 158-161.
6）　成原慧「プラットフォームはなぜ情報法の問題になるのか」法学セミナー783号（2020

年）58頁、曽我部真裕「インターネット上のヘイトスピーチをめぐる法制度の現状と課題」第二東京弁護士会人権擁護委員会編・前掲注(2)25-26頁参照。

7）　日本のインターネット上におけるヘイトスピーチの実態につき、李・前掲注(2)7-8頁参照。

8）　Committee on the Elimination of Racial Discrimination, Concluding observations on the combined seventh to ninth periodic reports of Japan（CERD/C/JPN/CO/7-9, 26 Sep., 2014）．人種差別撤廃委員会「日本の第7回・第8回・第9回定期報告に関する総括所見」（2014年9月26日、法務省仮訳）参照。

9）　地方公共団体のヘイトスピーチ条例につき、本書中村論文参照。とくにインターネットとの関係につき、曽我部真裕「ヘイトスピーチ条例におけるインターネット規制の限界」法律時報93巻1号（2020年）78頁以下参照。

10）　法務省人権擁護局調査救済課長「インターネット上の不当な差別的言動に係る事案の立件及び処理について（依命通知）」（法務省権調第15号、平成31年3月8日）。

11）　違法情報等対応連絡会「違法・有害情報への対応等に関する契約約款モデル条項」（平成28年4月1日改訂）。

12）　違法情報等対応連絡会「違法・有害情報への対応等に関する契約約款モデル条項の解説」（平成29年3月15日改訂）。

13）　曽我部・前掲注(6)27-28頁参照。

14）　曽我部真裕ほか「パネルディスカッション　実効性のある被害者救済を考える」第二東京弁護士会人権擁護委員会編・前掲注(2)59、68頁参照。

15）　See, e.g., R.A.V. v. City of St. Paul, 505 U.S. 377（1992）; Virginia v. Black, 538 U.S. 343（2003）．奈須・前掲注(1)130-131頁等参照。

16）　Danielle Keats Citron & Helen Norton, Intermediaries and Hate Speech: Fostering Digital Citizenship for Our Information Age, 91 B.U. L. Rev. 1435（2011）.

17）　Jeffrey Rosen, Who Decides - Civility v. Hate Speech on the Internet, 13 Insights on L. & Soc'y 32（2013）.

18）　Jeff Kosseff, *The Twenty-Six Words That Created the Internet, Cornell University Press*, 2019, Ch.12.

19）　Facebook, An Update on Combating Hate and Dangerous Organizations（May 12, 2020）, https://about.fb.com/news/2020/05/combating-hate-and-dangerous-organizations.

20）　ドイツのヘイトスピーチ規制と関連する判例につき、毛利透「ヘイトスピーチの法的規制について――アメリカ・ドイツの比較法的考察」法学論叢176巻2・3号（2014年）218頁以下等参照。

21）　European Commission, Code of conduct on countering illegal hate speech online（30 June 2016）.

22）　共同規制につき、生貝直人『情報社会と共同規制』（勁草書房、2011年）参照。

23）　鈴木秀美「ドイツのSNS対策法と表現の自由」メディア・コミュニケーション68号（2018年）1頁以下等参照。

24）　Conseil Constitutionnel, Décision n° 2020-801 DC du 18 juin 2020.

25）　大阪市・後掲注(28)参照。東京都や川崎市の条例でも同様の規定が置かれている。

26)　松本和彦「大阪市ヘイトスピーチへの対処に関する条例」ジュリスト1513号（2017年）84頁参照。

27)　成原慧『表現の自由とアーキテクチャ——情報社会における自由と規制の再構成』（勁草書房、2016年）6-10頁等参照。

28)　大阪市「「大阪市ヘイトスピーチへの対処に関する条例」の解説及び審査の実例（5条）」（https://www.city.osaka.lg.jp/shimin/page/0000438270.html（最終閲覧2021年7月3日））。

29)　大阪地判令2・1・17裁判所ウェブサイト。控訴審の大阪高判令2・11・26判例集未登載も、この点について原判決を引用して原審を支持している。

30)　芦部信喜「機能的『検閲』概念の意義と限界——アメリカ法を素材として」同『人権と議会政』（有斐閣、1996年）、青井未帆「私人を介した表現の事前抑制——法的根拠の必要性について」学習院法務研究7号（2013年）33頁以下、成原・前掲注(27)190-210頁等を参照。ヘイトスピーチの差止め・事前抑制に関する問題については、本書梶原論文も参照。

31)　大阪市・前掲注(28)。東京都および川崎市の条例も公表の規定を設けているが、氏名の公表は想定していないようである。曽我部・前掲注(9)79頁参照。

32)　関連して、松本・前掲注(26)85-86頁の指摘も参照。

33)　ウォーレンコートにおける「抑止効果」(deterrent effect)概念から「萎縮効果」(chilling effect)概念への発展過程につき、毛利透『表現の自由——その公共性ともろさについて』（岩波書店、2008年）4、5章参照。

34)　マッカーシズム期において国家権力による間接的な表現抑圧が異端的意見に対する社会の厳しい目との相乗効果により表現者を強く締めつけたことにつき、毛利・前掲注(33)221-222頁参照。

35)　萎縮効果論の形成の背景にある社会の「雰囲気」について、毛利・前掲注(33)222頁以下参照。

36)　松本・前掲注(26)86頁参照。

37)　認識等公表が有する問題につき詳しくは、本書桧垣論文参照。政府言論との関係で考察したものとして、桧垣伸次『ヘイト・スピーチ規制の憲法学的考察——表現の自由のジレンマ』221-224頁（法律文化社、2017年）も参照。

38)　Alexander M. Bickel, *The Morality of Consent,* Yale University Prss, 1975, p. 61.

39)　成原・前掲注(27)210-216頁参照。

40)　大阪市ヘイトスピーチ審査会「答申の概要《詳細版》（ヘイトスピーチ該当性等の有無）〔平28-7〕」、同「答申の概要《詳細版》（ヘイトスピーチ該当性等の有無）〔平28-8〕」参照。

41)　大阪地判平29・11・16判時2372号59頁。

42)　大阪高判平30・6・28判例集未登載。最高裁は、本件を上告棄却・上告不受理している。最三決平30・12・11判例集未登載。

43)　大阪市は、実名に代えてハンドルネームの公表を余儀なくされてきたが、2019年12月には、出版物に記載された情報等を踏まえ表現活動者の氏名を認定し、保守速報の管理者らの実名を公表した。「大阪市ヘイトスピーチへの対処に関する条例に基づくヘイトスピーチの公表（案件番号「平28－6」）」（令和元年12月27日）、大阪市ヘイトスピーチ審

査会「答申の概要 (拡散防止の措置及び公表内容)〔平28-6〕」(令和元年11月29日) 等参照。

44)　総務省総合通信基盤局消費者行政第二課『プロバイダ責任制限法〔改訂増補第 2 版〕』(第一法規、2018年) 71-72頁参照。

45)　「権利の侵害」とは、個人法益の侵害として、民事上の不法行為等の要件としての権利侵害に該当するものとされている (前掲注(44)17頁参照)。

46)　発信者情報開示の在り方に関する研究会「最終とりまとめ」(令和 2 年12月) 参照。

47)　大阪市ヘイトスピーチ審査会「インターネット上の投稿サイトを利用して行われるヘイトスピーチを行ったものの氏名又は名称を当該投稿サイトの運営者から取得するために大阪市としてとりうる方策について (答申)」(平成30年 1 月17日)。

48)　ネットと人権法研究会「インターネット上の人権侵害情報対策法モデル案」(2020年)。

49)　人権法によるヘイトスピーチ規制につき、小谷順子「表現の自由の限界」金尚均編『ヘイト・スピーチの法的研究』(法律文化社、2014年) 79頁、本書の奈須論文参照。

50)　小谷・前掲注(49)79-80頁参照。

51)　曽我部・前掲注(9)82頁は、迅速な削除を義務づけるのであれば、裁判所による削除命令を行う仕組みとすべきとも考えられると指摘する。

52)　曽我部・前掲注(6)32頁参照。

53)　Citron & Norton, *supra* note 16, pp. 1457-1459.

54)　Robert Post, *Constitutional Domains: Democracy, Community, Management*, Harvard University Press, 1995, pp. 299-302, 312-314.

55)　Jeremy Waldron, *The Harm in Hate Speech*, Harvard University Press, 2012, pp. 197-201 [ジェレミー・ウォルドロン (谷澤正嗣・川岸令和訳)『ヘイト・スピーチという危害』234-238頁 (みすず書房、2015年)]。 関連して、奈須・前掲注(1)144-146頁も参照。

56)　Post, *supra* note 54, pp. 303, 323-329. 奈須・前掲注(1)173頁も参照。

57)　ACLU会長を務めたナディーン・ストロッセンは、私立大学やインターネットの媒介者など、他者のコミュニケーションの機会に影響を与える一定の強力な私的主体は、ヘイトスピーチを含め憲法上保護された表現を禁止することを原則として控えるべきだとしつつ、媒介者がマイノリティの利用しやすい環境を構築するためにヘイトスピーチの投稿を禁じるなど、私的主体が表現の自由以外の価値を尊重するために異なる基準を採用することに理解を示している。Strossen, *supra* note 5, pp. 30-33.

58)　Rosen, *supra* note 17, p. 32.

59)　Citron & Norton, *supra* note16, pp. 1468-1484.

60)　特定型のヘイトスピーチを含む権利侵害情報について海外事業者が関与している場合、権利救済の実効性が必ずしも十分ではないことを指摘するものとして、曽我部・前掲注(6)32-33頁参照。

61)　Rosen, *supra* note 17, p. 32.

62)　毛利・前掲注(33)233-236頁参照。

63)　また、プラットフォームごとにマイノリティがどのような状況に置かれているのかという現代の社会的文脈を踏まえ、プラットフォームごとに適切な自主規制の基準を検討していくことも重要であろう。

第5章

地方公共団体によるヘイトスピーチ対策の現況

中村英樹

1　はじめに

　ヘイトスピーチという言葉がマスメディアなどで広く使われるようになった2013年以降、ことに「本邦外出身者に対する不当な差別的言動の解消に向けた取組の推進に関する法律」(以下「解消法」)が施行された2016年以降、ヘイトスピーチ問題への積極的な取組みがいくつかの地方公共団体によって試みられており、「表現の自由に関する基礎理論を維持しながら、ヘイトスピーチ規制を基礎づける解釈は可能であるかという問い[1]」に対する実践の場という様相を呈している。筆者はこれまで、そうした取組みについて若干の検討を重ねてきた[2]。その上で、本章では、①ヘイトスピーチを行ったものの氏名公表等の措置をとるもの (大阪市、東京都など)、②ヘイトスピーチを伴うおそれのある集会のための「公の施設」利用を制限するもの (神奈川県川崎市、京都府、京都市など)、③ヘイトスピーチを繰り返すものに刑罰を科す仕組みを定めるもの (川崎市) を取り上げて、現況の紹介と検討を行う[3]。

　①については、大阪市が解消法に先立って2016年1月に「大阪市ヘイトスピーチの対処に関する条例」(以下「大阪市条例」)を制定し、同年7月より全面施行してきたところであるが、2019年12月、ヘイトスピーチを行ったと認定したものの実名を初めて公表したこと、2020年1月に大阪地裁が同条例の違憲性を主張する住民訴訟を棄却したこと、また、東京都が2019年4月全面施行の「東京都オリンピック憲章にうたわれる人権尊重の理念の実現を目指す条例」

（以下「東京都条例」）において、大阪市条例類似の仕組みを採用したことが注目される。後述する川崎市条例も、罰則とあわせて公表の仕組みを採用している。

　②については、2017年に川崎市が利用制限のためのガイドラインを策定したのを皮切りに、京都府内を中心に広がりを見せていること、また、東京都も東京都条例に基づいて利用制限基準を策定したことが注目される。

　③については、解消法制定のきっかけともなる事件が相次いだ川崎市で、2019年12月、「川崎市差別のない人権尊重のまちづくり条例」（以下「川崎市条例」）が制定・公布され、その中で、ヘイトスピーチの一部に刑事罰（50万円以下の罰金）を科す全国初の仕組みが採用されたことが注目される（罰則規定を含む全面施行は2020年7月1日）。

　なお、以下での検討は解消法とかかわってくるため、必要な範囲で同法についてあらかじめ整理しておく[4]。第一に、解消法の対象は、「本邦の域外にある国若しくは地域の出身である者又はその子孫であって適法に居住するもの」（本邦外出身者）に対する「不当な差別的言動」に限られている（2条）。第二に、解消法はあくまでも理念法であり、不当な差別的言動を「あってはならず」「許されない」（前文）と宣言するものの、それを禁止するものではない。第三に、解消法は、「不当な差別的言動」を厳密に定義していない。同法2条で与えられた定義は、「本邦の域外にある国又は地域の出身であることを理由として」、本邦外出身者「を地域社会から排除することを煽動する」言動であり、専ら本邦外出身者「に対する差別的意識を助長し又は誘発する目的で公然とその生命、身体、自由、名誉若しくは財産に危害を加える旨を告知し又は本邦外出身者を著しく侮蔑するなど」が例示されている。このような曖昧な定義が許されるのは、同法が理念法に留まるからである。第四に、解消法は、地方公共団体に対して、「地域の実情」（4条2項）に応じた取組みを通じて、不当な差別的言動によって地域社会に生じている「深刻な亀裂」（前文）を修復することを求めている。

2　氏名等の公表

1　大阪市条例をめぐる動き

　大阪市は、国に先駆けてヘイトスピーチ対処のための条例を制定して以来、運用を積み重ねている[5]。大阪市条例によれば、市長は、ある表現活動をヘイトスピーチに該当すると認定した場合、拡散防止措置をとるとともに、「当該表現活動がヘイトスピーチに該当する旨、表現の内容の概要及びその拡散を防止するためにとった措置並びに当該表現活動を行ったものの氏名又は名称」を公表するものとされている（5条1項）。

　こうした措置を伴うものであるため、同条例は、対象となる「ヘイトスピーチ」を、「人種もしくは民族に係る特定の属性を有する個人または当該個人により構成される集団」に対するものに絞り、さらに①目的、②内容または態様、③場所または方法の点で限定している（2条1項）。そこには、ヘイトデモ等を録画してインターネット等を通じて拡散するような行為も含まれる（同2項）。さらに同条例は、④ヘイトスピーチが大阪市の区域内で行われた、あるいは大阪市民等に関するものであると明らかに認められる等の、区域的または管轄上の限定を加えている（5条1項1号・2号）。

　また、市長がヘイトスピーチ該当性を判断するにあたっては、「ヘイトスピーチ審査会」の意見を聴くこと（6〜8条）、また、公表を行う前に告知・聴聞を行うこと（5条3項）といった手続規定を設けている。

　他方、同条例は、ヘイトスピーチ自体を禁止しているわけではないため、ヘイトスピーチ規制条例の実質を持たないとされる[6]。したがって、氏名等の公表は、制裁を目的として行われるのではなく、あくまでヘイトスピーチによる人権侵害についての市民の関心と理解を深めるための情報提供であって、心理的効果によるヘイトスピーチの抑止は付随的なものに過ぎないと整理されている[7]。とはいえ、公表に伴う事実上の制裁的効果は否定できず、運用次第では本来許されるはずの表現活動をも萎縮させる効果を生むことが懸念される。だからこそ大阪市条例は、対象となるヘイトスピーチを慎重に限定した上であらか

じめ手続的配慮を施したのであろう[8]。また、2018年度までにヘイトスピーチに該当すると認定された案件は 6 件であったが[9]、いずれもインターネット上のヘイトスピーチ（動画掲載 4 件、「まとめ記事」の掲載 2 件）であり、投稿者の氏名等の特定に至らなかったため、ハンドルネームや匿名の公表にとどまっていた。こうした中、2019年12月、大阪市は、インターネット上のまとめサイト「保守速報」の運営者、および「朝鮮人のいない日本を目指す会」を標榜する者の実名を初めて公表して注目された。前者は別件裁判に関する出版物中の記載等から、後者は表現活動の中で自ら明かしていたことから、実名が特定されたという[10]。たしかに、人権侵害についての市民の関心と理解を深めるための情報提供という観点からは、「誰が」ヘイトスピーチを行ったかは重要な情報とはいえないかもしれない。しかし、「社会的な批判を惹起しその抑止につなげる」（大阪市条例の「解説及び審査の実例（ 5 条）」[11]）とされる公表制度の目的に照らせば、実名が公表されたことは、やはり大きな意味を持つ。むろん、それが本来想定されていた運用であり、公表に際しても、同姓同名の他者と区別して認識できるような公表内容とするなど慎重を期したことが窺われる[12]。

　大阪市条例に対しては、同条例自体やそれに基づく氏名公表等の措置が憲法21条等に違反すると主張した住民訴訟が提起され、2020年 1 月17日、大阪地裁が請求を棄却する判決を下した[13]。同判決は、大阪市条例が表現の自由を制限するものであることを認めた上で、制限の正当化にあたっては様々な要素を総合的に利益衡量する判断枠組みを採用し、公共の福祉による合理的で必要やむをえない限度の制限であると結論づけた。その中では、事後的措置であること、制裁を科すものではないこと、プロバイダ等に氏名開示を義務づけるものではないこと、措置に先行して附属機関への諮問が予定されていること等が考慮されている。さらに、同判決が条例によるヘイトスピーチの定義を漠然であるため無効・過度に広汎であるため無効とはいえないと判断したこと、ヘイトスピーチの発生状況等の立法事実を詳細に認定していること、氏名公表が「個人に関する情報をみだりに第三者に開示又は公表されない自由」を侵害するとはいえないとしたことは、各々の妥当性に異論はあろうが、他の地方公共団体のヘイトスピーチ規制の参考となると思われる。

　なお、インターネット上の匿名でのヘイトスピーチについて、2018年1月、大阪市ヘイトスピーチ審査会は、プロバイダ等が保有する情報を市に提供する条例の規定を設けることは電気事業通信法に違反し、地方公共団体による対応には限界があるため国レベルでの法律による対応が必要であるとする答申を示した。¹⁴⁾この答申を受けて、大阪市長は国に対して、プロバイダ等から地方公共団体への投稿者情報の提供を促進するための法律改正等を求める要望を提出した。¹⁵⁾

2　東京都条例と川崎市条例

　2018年10月、東京都は、「いかなる種類の差別も許されないという、オリンピック憲章にうたわれる人権尊重の理念が広く都民等に一層浸透した都市となること」（1条）を目的として、東京都条例を制定した（2019年4月より全面施行）。同条例は、第3章を「本邦外出身者に対する不当な差別的言動の解消に向けた取組の推進」として、大阪市条例と類似した公表制度を盛り込んでいる（12条〜17条）。¹⁶⁾ヘイトスピーチ自体を禁止していない点は大阪市条例と同様だが、大阪市条例が比較的詳細なヘイトスピーチの定義規定や手続規定を置くのに対して、東京都条例は、解消法による「不当な差別的言動」の定義をそのまま用いている点（8条）、表現活動を行ったものに対する意見聴取が審査会の裁量とされている点（16条2項）で異なっている。もっとも、東京都条例の場合、公表されるのは「当該表現活動の概要等」とされ氏名等が明示されておらず（12条）、実際2021年6月までに公表された14件の事案でも、公にされたのは表現活動の内容のみで氏名等は含まれていない。¹⁷⁾今後も氏名等を公表対象としない運用がつづくのであれば、萎縮効果の発生を危惧する必要はさほどないのかもしれない（その分、ヘイトスピーチ抑止効果も減退するであろう）。

　また、2019年12月から部分施行された川崎市条例も、第3章「本邦外出身者に対する不当な差別的言動の解消に向けた取組の推進」において、公表制度を採用している（公表に係る15条の施行は2020年7月1日）。ただし、川崎市条例は、本邦外出身者に対する不当な差別的言動の一部を禁止した上で、勧告、命令を介して3回目の違反に対して50万円以下の罰金に加えて、氏名や住所等を公表

することができるという仕組みとなっている（12〜15条、23〜24条）[18]。したがって、ヘイトスピーチを禁止していない大阪市条例や東京都条例とは異なり、川崎市条例における公表は、その制裁的効果、間接強制の機能が第一義的なものであると捉えられる[19]。そのため、禁止されるヘイトスピーチの実体的要件、一連の手続による統制、組織法的統制の妥当性がより問題となる。この点は、4節であらためて検討する。

3　小　　括

以上、概観したように、各地方公共団体の公表制度は、ヘイトスピーチ禁止規定の有無、目的や公表内容も三様である。ここでは、公表という手法が有する社会への情報提供という機能に注目して、その意義を考えてみたい。ヘイトスピーチは、それが向けられたマイノリティに沈黙を強いたり有効な反論を不可能としてしまうことで、対抗言論が成り立つ「思想の自由市場」の前提を毀損していると指摘されることがある[20]。また、そうした抑圧構造の存在を前提に、マイノリティたちの意見や情報が流通することを可能にする法制度を構築する必要性が語られている[21]。本節で概観した公表制度は、地方公共団体が、マイノリティに関する情報の流通に生じた「歪み」を矯正するための参考情報を、（一定の価値づけを伴いつつ）地域の言論空間に投入することによって、マイノリティたちの意見や情報の流通をエンパワーメントする取組みとして評価することができるように思われる。事実上の制裁的効果に留意しつつ、適切な運用が期待される。

3　公の施設の利用制限

1　公の施設とガイドラインによる利用制限

解消法制定後も国による取組みがなかなか進まない中、地方公共団体が設置・管理する公園や市民会館などの公の施設に関して、ヘイトスピーチを伴うおそれのある集会のための利用を制限するガイドライン（以下「GL」）を策定する動きが広がっている。ここでいう「公の施設」とは、地方自治法（以下「自治

法」）上、普通地方公共団体が設ける「住民の福祉を増進する目的をもってその利用に供するための施設」（自治法244条1項）であり、そのうち本章との関係で主に問題となるのは、公園や市民会館など集会に適した施設である。自治法によって、地方公共団体は「正当な理由がない限り、住民が公の施設を利用することを拒んではなら」ず（同244条2項）、「住民が公の施設を利用することについて、不当な差別的取扱いをしてはならない」（同条3項）とされ、住民の利用権ないし利用利益が厚く保護されている。[22]公の施設の設置・管理に関する事項は条例で定めなければならない（同242条の2第1項）ため、施設に応じて各種設置・管理条例が制定されており、その中では一定の利用制限規定が設けられていることが一般的である（施行規則で規定される例もある）。利用制限規定は、「公の秩序又は善良な風俗を害するおそれがあるとき」は許可しない等とする「公序良俗」型規定と、「施設の管理上支障があるとき」は許可しない等とする「管理上の支障」型規定とに大別され、条例によって何れかのみを持つものも、両方を備えるものもある。

　解消法施行に前後して、いくつかの地方公共団体は、この利用制限規定の解釈・運用によって、公の施設でヘイトスピーチが行われることを防止する取組みに乗り出した。その際に拠るべき基準として、GLが策定されたのである。嚆矢となったのは、川崎市である。2017年11月に策定・公表され、翌年3月31日から施行された「本邦外出身者に対する不当な差別的言動の解消に向けた取組の推進に関する法律に基づく『公の施設』利用許可に関するガイドライン」は、解消法2条が定義する「不当な差別的言動」が公の施設で行われるおそれがある場合、利用制限の対象とする。利用制限のうち不許可および許可の取消しは、「当該施設利用において、不当な差別的言動の行われるおそれが客観的な事実に照らして具体的に認められる場合」という「言動要件」と、「その者等に施設を利用させると他の利用者に著しく迷惑を及ぼす危険のあることが客観的な事実に照らして明白な場合」という「迷惑要件」とをいずれも充たす場合に限って行うことができる。後者の迷惑要件はさらに限定され、「他の利用者の生命、身体、自由、名誉若しくは財産が侵害され、公共の安全が損なわれる危険があり、これを回避する必要性が優越する場合に限られ」、その危険性の

程度としては「明らかな差し迫った危険の発生が具体的に予見されることが必要であ」り、また「他者の実力での妨害により紛争が生じるおそれを理由に平穏な集会を拒否できるのは、警察の警備等によってもなお混乱を防止することができないなど特別な事情がある場合に限られる」。処分を行う場合、事前に第三者機関から意見を聴取しなければならない。

　その後、いくつかの地方公共団体が川崎市につづいた。2018年4月に京都府、7月に京都市、9月に京都府井手町が利用制限のためのGLを施行した。2019年以降、京都府内の綾部市、宇治市、亀岡市、木津川市、福知山市、舞鶴市、宮津市、笠置町、精華町、京田辺市などが京都府と同様のGLを施行している。さらに、東京都も、東京都条例に基づいて「公の施設の利用制限に関する基準」(以下「東京都基準」)を、新宿区も東京都と同様のGLを施行(いずれも2019年)するなど、取組みが広がっている[23]。

2　利用制限の要件の検討

　川崎市GLの言動要件および迷惑要件のベースとなったのは、公の施設における集会の自由の制約に関する指針として学説でもおおむね支持されている2つの最高裁判決—泉佐野市民会館事件判決(以下「泉佐野判決」)[24]および上尾市福祉会館事件判決(以下「上尾判決」)[25]であり、川崎市、東京都、新宿区のGL・基準は言動要件と迷惑要件の両方を充たした場合に初めて利用不許可あるいは許可取消しできるとしている[26]。これに対して、それ以外のGLには、川崎市GLにいう迷惑要件が存在しない。たとえば京都府GLは、「ア　『不当な差別的言動』が行われることが、客観的な事実に照らし、具体的に明らかに予測される場合」または「イ　『不当な差別的言動』が行われる蓋然性が高いことによる紛争のおそれがあり、施設の管理上支障が生じるとの事態が、客観的な事実に照らし、具体的に明らかに予測され、警察の警備等によってもなお混乱を防止できないことが見込まれるなど特別な事情がある場合」に利用制限できるとす[27]。その上で、施設設置・管理条例における利用制限規定の「運用を行う際の考え方」として、上記アに該当する場合は、泉佐野判決を踏まえ、「公の秩序又は善良な風俗を害するものと解釈し」、「公序良俗」型規定を適用して利用制

89

限を行い、上記イに該当する場合は、上尾判決を踏まえ、「公の施設等の管理・運営に支障があるものと解釈し」、「管理上の支障」型規定を適用して利用制限を行うとしている。

　しかし、はたして言動要件のみでの利用制限は、最高裁判決を「踏まえ」ているのだろうか。

　泉佐野市民会館事件では、市民会館条例7条1号の「公序良俗」型規定および3号の「管理上の支障」型規定に基づく利用申請不許可処分が問題となった。最高裁判決は、①施設の外的条件や申請競合以外での利用拒否については、「集会の自由の重要性」「集会が開かれることによって侵害されることのある他の基本的人権の内容」「侵害の発生の危険性の程度」等の比較衡量で判断するという枠組みを示した上で、②本件条例の「公の秩序をみだすおそれがある場合」は、集会の自由よりも集会によって「人の生命、身体又は財産が侵害され、公共の安全が損なわれる危険を回避し、防止する必要性が優越する場合」に限定されるとした。さらに、③侵害発生の危険性の程度としては、「明らかな差し迫った危険の発生が」「客観的な事実に照らして具体的に明らかに予測される」ことを要し、④危険性の判定には、「事態の発生が…客観的な事実に照らして具体的に明らかに予測される」ことを要するとして、より限定を加えた。なお、条例7条1号の要件に該当すれば、当然に3号にも該当すると述べている。

　上尾市福祉会館事件では、福祉会館条例6条1項1号の「管理上の支障」型規定に基づく利用申請不許可処分が問題となった。最高裁判決は、①集会の用に供する施設の利用を正当な理由なく拒否することは、憲法の保障する集会の自由の不当な制限につながるおそれがあるため、施設管理者は「公の施設としての使命を十分達成せしめるよう適正にその管理権を行使すべき」こと、②本件条例の「会館の管理上支障があると認められるとき」は、「会館の管理上支障が生ずるとの事態が」「客観的な事実に照らして具体的に明らかに予測される場合」に限定されることを示した。また、③敵対的聴衆の存在を理由とした利用拒否は「警察の警備等によってもなお混乱を防止することができないなど特別な事情がある場合に限られる」と述べた（いわゆる敵対的聴衆の法理）。

　両判決を比較すると、泉佐野判決は、人権侵害の明白かつ現在の危険性を要求しているのに対して、上尾判決は、施設管理上の支障に「現在性」を要求しておらず、相対的に広く利用拒否を認めうる基準を採用している。[28] その理由として、解釈の対象となった規定の性質の違いがあると考えられる。両判決ではいずれも、公物管理を目的とした設置・管理条例上の利用制限規定の解釈適用が争われている。しかし、泉佐野判決で問題となった「公序良俗」型規定は、条例の本来の目的を超えて公安秩序の維持を目的とした警察的規制（いわゆる公物警察権の行使）としても作用しうるため、濫用の危険を避けるためにも特に限定的に解釈する必要があった。それに対して、上尾判決で問題となった「管理上の支障」型規定の適用は、条例の本来の目的として位置づけることができるため、泉佐野判決ほどの限定解釈を施す必要がなかったものと考えられる。[29]

　もっとも、両判決はいずれも「集会の用に供する公の施設」の集会目的での利用に関する判断であって、その射程は、いわゆる行政財産の目的外使用（集会目的での市民公園の利用など）には及ばない。公の施設の本来の供用目的での利用か、あるいは目的外での利用かによって適用される法制度および利用利益の要保護性を区別するのが現行法の立場[30]であり、判例も、目的外使用許可の判断を原則として管理者の裁量にゆだねている。[31]

　以上より、公園や市民会館などの公の施設の利用制限に関する判例の判断基準は、次の３つに整理できると思われる。①「公序良俗」型規定に基づいて利用制限が行われる場合は、人権侵害の明白かつ現在の危険性を要求する泉佐野判決の基準が妥当する。②「管理上の支障」型規定に基づいて利用制限が行われる場合は、施設管理上の支障に「現在性」までは求めない上尾判決の基準が妥当する。③公の施設の目的外使用にあたる場合、すなわち集会の用に供する目的以外の施設で制限を行う場合は、判断要素選択や判断過程の合理性審査が妥当する。したがって、言動要件すなわち「不当な差別的言動」の発生が予測されるだけで「公序良俗」型規定を適用して利用制限ができるとする解釈は、少なくとも従来の判例に適合的ではないように思われる。

　ところが、解消法の成立を踏まえ、言動要件のみでの利用制限を支持する論者もある。[32] また、泉佐野判決・上尾判決は敵対的な聴衆による秩序紊乱が問題

となった事例であって、ヘイトスピーチ目的の集会については両判決の射程外であるという主張もある。[33]もちろん、敵対的聴衆が存在しない、あるいは集会主催者が平穏に集会を行おうとしていない場合には、敵対的聴衆の法理が適用されないのは当然である。[34]しかし、設置・管理条例が定める「公の秩序をみだすおそれのある場合」や「管理上支障があると認められるとき」という不許可要件には、そもそも漠然不明確ゆえに違憲の疑いがあるのであり、両判決は、集会の用に供する公の施設について、そうした疑わしい要件を憲法上あるいは自治法上、許容される範囲にまで絞り込んだものである。[35]したがって、集会のために設けられた施設の設置・管理条例を解釈適用する際には、目的の如何にかかわらず両判決が課した限定が前提となると考えるべきであり、迷惑要件を排除しての「公序良俗」型規定の運用は、不明確な規定を不明確なまま適用しようとするものであって妥当ではない。

　以上のように理解した上であらためて敷衍すると、（a）当該集会が集会所等の一室を利用して閉鎖型で行われるような場合、[36]危険・支障の発生が客観的な事実に照らして具体的に明らかに予測されるとはいえないため、「公序良俗」型、「管理上の支障」型いずれの規定の解釈適用であっても、判例の基準をクリアするのは難しいと思われる。もっとも、他の利用者の目に留まる場所・媒体等に著しく侮辱的で礼節を欠く集会タイトルを掲げるような場合、その修正を許可条件とするようなことは可能であろう。それに対して、（b）他の施設利用者が自由にアクセス可能な開放型で行われる集会の場合、[37]（b-1）施設が集会の用に供するものであれば、適用されるのが「公序良俗」型規定なのか、「管理上の支障」型の規定なのかに応じて、当該集会の開催がなぜ公序良俗に反するのか、あるいはなぜ管理上の支障を生じさせるのかを整理した上で、[38]それぞれの基準をクリアすることが必要となる。いずれの規定を適用するにしても、権利制限を想定していない解消法による「不当な差別的言動」の定義に該当するというだけでは、限定が不十分だろう。（b-2）施設が集会の用に供するものでないときは、判例の枠組みによれば、判断要素選択や判断過程の合理性審査をクリアすれば利用制限が可能となる。

　もっとも、（b-2）の枠組みについては懸念もある。表現主体が他者に働き

かけ人々が多様な見解に接する機会を提供するという、集会の自由が民主主義社会において持つ意義を考えると、一般的には開放型集会の方が閉鎖型集会よりも高い価値を有すると考えられる。そうした意義を踏まえれば、屋外集会やデモ行進を目的外利用の枠組みで処理する判例の態度は冷淡に過ぎ、本来はより手厚い保護が必要である。しかしながら、集会が持つその集合的な力ゆえに、ヘイトスピーチ集会が攻撃対象となったマイノリティの面前で行われた場合、彼らに強烈な衝撃を与え、その具体的人格権を侵害しうる。それゆえ、ヘイトスピーチが行われる蓋然性の高い集会が、攻撃対象となるマイノリティの集住地域で行われるような場合には、会場となる公園等の施設の利用を制限することが認められうるだろう。また、集会の用に供する施設においても、開放型のヘイトスピーチ集会については、施設の立地や当日の利用状況などにかんがみて、判例の基準をクリアしつつ利用制限を行う余地もあると思われる。

　ともあれ、GLや基準が公の施設の設置・管理条例に関する解釈基準あるいは裁量基準である（に過ぎない）以上、条例の条文を離れて言動要件のみで利用制限できるか否かを論じても生産的ではないし、法治主義の観点からも望ましいとは思われない。GLという形式によることの問題性や、表現内容中立な条文に解釈基準や裁量基準によって観点規制を持ち込むことが可能ないし妥当なのかといった視点からも、GLや基準のあり方はあらためて精査されるべきであると考える。

4　川崎市条例によるヘイトスピーチ規制

1　条例の概要

　2019年12月、不特定多数人に向けたヘイトスピーチの一部を禁止し、違反に対して刑事罰を科す仕組みを採用した川崎市条例が制定、公布された。同条例は、人権を尊重する共生社会の実現を目指し、そのための啓発や支援、調査研究などについて定める（第1章～第2章）。また、「人種、国籍、民族、信条、年齢、性別、性的指向、性自認、出身、障害その他の事由を理由とする不当な差別的取扱い」を禁止する（5条。ただし罰則はない）。

　その上で、一定のヘイトスピーチを禁止し、刑罰を含む特別な措置の対象とする（第3章～第5章）。禁止されるのは、解消法2条にいう「本邦外出身者に対する不当な差別的言動」のうち、以下の①～④の要件に該当する言動である（12条。①～④の整理は筆者によるもの）。

①「市の区域内の道路、広場その他の公共の場所において」【場所による限定】、

②「拡声器（携帯用のものを含む。）を使用し、看板、プラカードその他これに類する物を掲示し、又はビラ、パンフレットその他これに類する物を配布することにより」【手段による限定】、

③「本邦の域外にある国又は地域を特定し、当該国又は地域の出身であることを理由として」【差別の理由による限定】

④以下のいずれかの類型で行われるもの【言動の類型による限定】

　④－1　「本邦外出身者（略）をその居住する地域から退去させることを煽動し、又は告知するもの」または

　④－2　「本邦外出身者の生命、身体、自由、名誉又は財産に危害を加えることを煽動し、又は告知するもの」または

　④－3　「本邦外出身者を人以外のものにたとえるなど、著しく侮辱するもの」

　違反行為が行われた場合、違反者が再び同一理由での差別的言動を行う明らかなおそれがあると認めるに足りる十分な理由があるときは、市長は当該違反者に対して、地域を定めて、勧告の日から6月間、違反行為を行ってはならない旨を勧告することができる（13条1項）。この勧告に従わずに2回目の違反行為が行われた場合、違反者が再び同一理由での差別的言動を行う明らかなおそれがあると認めるに足りる十分な理由があるときは、市長は当該違反者に対して、地域を定めて、命令の日から6月間、違反行為を行ってはならない旨を命令することができる（14条1項）。命令にもかかわらず3回目の違反行為が行われた場合、氏名等が公表され（15条）、50万円以下の罰金が科される（23条）。行為者のみならず、団体も処罰されうる（24条）。

　緊急の場合を除き、勧告、命令、公表に際してはあらかじめ「差別防止対策

等審査会」の意見を聴かなければならず（13条2項、14条2項、15条2項）、公表
に際しては、本人への告知・聴聞が必要とされる（15条3項）。

　この条例の素案は2019年6月に公表され、パブリックコメント手続に付され
た[45]。その結果を反映して、要件の明確化、氏名公表前の審査会への意見聴取の
追加、勧告・命令の有効期間の設定などの修正を施された条例案が12月議会に
提案され、12月12日、附帯決議とともに可決、成立した。同条例は、12月16日
に公布、即日施行されたが、差別防止対策等審査会、公の施設の利用許可基準
などに関する規定は2020年4月1日から、ヘイトスピーチの禁止・処罰などに
関する規定は同年7月1日から施行された。

2　条例制定権との関係

　日本国憲法94条は、「法律の範囲内」での条例制定権を保障しており、これ
を受けた自治法14条1項は、「法令に違反しない限りにおいて」「地域における
事務」に関して条例を制定できるとする。不特定多数人ないし大規模集団に向
けられたヘイトスピーチを処罰する国の法令が存在せず、解消法も理念法に留
まる中、川崎市条例によるヘイトスピーチ処罰は、これら憲法、自治法の規定
に違反しないのかが問題となる。

　条例の法令適合性については、「それぞれの趣旨、目的、内容及び効果を比
較し、両者の間に矛盾抵触があるかどうかによってこれを決しなければならな
い」という徳島市公安条例事件最高裁判決[46]による判断枠組みが、学説上も判例
上もおおむね受け入れられてきた。川崎市条例によるヘイトスピーチ処罰は、
解消法と同じく「本邦外出身者に対する不当な差別的言動」を対象として、そ
の解消を目的に制定された（川崎市条例11条）ものであるから、上記最高裁判例
が類型化する、法令と条例が「同一の目的に出た」場合にあたり、「国の法令が
…全国的に一律に同一内容の規制を施す趣旨ではなく、…地方公共団体におい
て、その地方の実情に応じて、別段の規制を施すことを容認する趣旨であると
解されるときは」条例は法令に違反しないという規範が妥当すると考えられ
る。たしかに解消法は、差別的言動を禁止すらしていないが、地方公共団体に
地域の実情に応じた施策を講じる努力義務を課す（4条2項）など、全体の趣旨

を勘案しても、独自の言論規制を許さない趣旨までを読み取ることはできないであろう。

　また、ヘイトスピーチが標的となるマイノリティの面前で行われた場合に引き起こす害悪に着目すると、それが発生する蓋然性は、マイノリティ集住地域の存否、ヘイトデモの頻度や悪質性などに応じて地域ごとに大きく異なると考えられる。このような場合、現場に近い地方公共団体が問題を認知し、条例等を制定して対処することには十分な合理性がある。川崎市条例は、処罰対象を場所・手段によって限定していることから、そうした面前型のヘイトスピーチから個人的法益を保護することを想定しているものと理解できる（「『川崎市差別のない人権尊重のまちづくり条例』解釈指針」（以下「解釈指針」）によれば、12条の保護法益は「居住する地域において平穏に生活する権利」とされる）。以上のことから、川崎市条例は条例制定権の管轄内であると評価しうると考える。

3　内容上の合憲性

　法令との関係で条例制定が認められるとしても、当該条例は、具体的立法事実や比例原則適合性、規制対象の明確性・限定性などの点で、憲法適合的でなければならない。以下、これらの点について雑駁な検討を行いたい。

　立法事実、すなわち立法による規制の必要性に関する一般的事実についてみると、在日コリアン集住地区のある川崎市においては、解消法制定以前から悪質なヘイトデモが繰り返され、同法制定から3年を経てなお、状況は大きく変わっていなかった。このような状況を踏まえれば、少なくとも面前型のヘイトスピーチに対して、抑制的な規制を行う必要性を認めることができるだろう。

　規制対象となる差別的言動の要件のうち、上記③【差別の理由による限定】、④【言動の類型による限定】は、ほとんど解消法2条の焼き直しであり、「著しく」という不確定概念を含むなど、単独の要件としてはなお限定が十分とはいいがたいが、場所および手段による限定と組み合わさることで、保護法益との間に一定の合理的関連性を見出すことができると思われる。

　同一違反者による2回目、3回目のヘイトスピーチの認定を行う際の言動の同一性要件は、素案から修正されて、再度の「同一理由での差別的言動」とさ

れた。依然いささか分かりにくいが、「解釈指針」によれば、同じＡ国の出身であることを理由とする差別的言動であれば、その手段や類型が異なっても「同一理由差別的言動」となる（先に整理した構成要件のうち③「差別の理由」が同じであれば、②「手段」・④「言動の類型」が異なっても同一性が認定される）という[52]。したがって、比較的容易に言動の同一性が認定されることになると思われるが、「本邦外出身者に対する不当な差別的言動」が個人にもたらす害悪の本質が、ある国の出身であるという属性のみを理由に差別する点にあることに鑑みれば、妥当な認定要件であろう。

　直罰方式とせずに、勧告・命令・処罰（告発）という間接罰方式となっていること、その都度、審査会への諮問が義務づけられていることは、表現の自由・集会の自由の規制であることを考えると、比例原則の観点からも、濫用防止という政策的妥当性の観点からも評価できる。一般に、集会やデモが注目を集めるために過激な言動を伴うのはありうる事態であり、そのような行為が禁止されると、そこに含まれていたかもしれない、本来は保護されるべき政治的主張をも萎縮させてしまう危険性がある[53]。三段階方式とすることで、真摯な政治的主張の中での“偶発的”ヘイトスピーチを危惧しての言論の萎縮というリスクを低減すると同時に、主催者・参加者に対して、自らの主張を民主主義社会における議論として受け入れ可能・通約可能なものに練り直す機会を与えることが期待できるのではないだろうか（主催者・参加者にそうした真摯な姿勢があれば、ではあるが）。

　また、本条例は、内容規制に場所・方法の規制を組み合わせた言論規制として整理できると思われるが[54]、そうであれば、当該地方公共団体の域外も含めて、代替的情報伝達経路は確保されていると見ることもできる（ここにも、国の法令ではなく条例で限定的に規制することに一定の積極的意義を見出すことができよう）。以上を踏まえれば、本条例は内容上も合憲であると評価しうると考える[55]。

5　おわりに

　憲法研究者の多くが、ヘイトスピーチの問題性を承知しつつも規制の積極的

容認を躊躇する背景には、地方公共団体が政治的中立性等を理由として安易に施設利用を拒否したり、集会や表現活動への助成を取りやめるなど、民主主義社会において表現の自由や集会の自由が有する意義を十分理解しているのか疑念を抱かせる事例が頻出していることへの警戒、また、それらの自由制約に対する司法による保護が心もとないという認識があるように思われる[56]。また、ヘイトスピーチ概念や問題の社会的構造への理解を欠いていると思わざるをえない首長や議員の発言も、まま見られるところである。

　ヘイトスピーチ解消という難問に対しては、地方公共団体による様々なトライ・アンド・エラーの余地がありうると考える。しかし、それらが法治主義のもとで正当性を持ち、住民の理解をえて問題の解決へと結びつくには、表現の自由や集会の自由の意義を踏まえた透明な制度構築と運用、不断の検証が必須であろう[57]。

1）　田代亜紀「表現の自由の限界を考えるための準備的考察——ヘイトスピーチに関する議論とスナイダー判決を素材として」専修ロージャーナル12号（2016年）119頁以下、120-121頁。
2）　中村英樹「地方公共団体によるヘイトスピーチへの取組みと課題」法学セミナー736号（2016年）41頁以下、同「ヘイトスピーチ解消法を受けた地方公共団体の取組みと課題」法学セミナー757号（2018年）37頁以下、同「ヘイトスピーチ集会に対する公の施設の利用制限——地方公共団体のガイドラインを中心に」北九州市立大学法政論集46巻1・2合併号（2018年）65頁以下（以下［中村 2018］）、同「ヘイトスピーチの解消に向けた地方公共団体の取組と課題」別冊法学セミナー『ヘイトスピーチに立ち向かう』（日本評論社、2019年）136頁以下（以下［中村 2019］）。
3）　②③については、別稿で最近の状況を簡単に紹介した。中村英樹「自治体におけるヘイトスピーチ解消に向けた動きについて」自治体法務研究61号（2020年）24頁以下。
4）　以下の整理については、中村・前掲注(2)［中村 2018］70-71頁、86頁。
5）　大阪市条例については、松本和彦「大阪市ヘイトスピーチへの対処に関する条例」ジュリスト1513号（2017年）81頁以下、石塚武志「ヘイトスピーチ解消法と条例によるヘイトスピーチ対策の到達点」法律時報93巻4号（2021年）100頁以下、102-103頁を参照。
6）　松本・前掲注(5)82頁。
7）　大阪市ヘイトスピーチ審査会の第17回議事要旨や第20回配付資料「この間の議論の整理と論点」（https://www.city.osaka.lg.jp/shimin/page/0000421548.html）を参照。
8）　松本・前掲注(5)83頁。
9）　https://www.city.osaka.lg.jp/shimin/cmsfiles/contents/0000339/339043/kennsuuhyo.pdf

10）　「答申の概要（拡散防止の措置及び公表内容）〔平28-6〕」（https://www.city.osaka.lg.jp/ shimin/cmsfiles/contents/0000366/366957/28-6gaiyou011227.pdf）4頁、「答申（拡散防止の措置及び公表内容）〔平28-21〕」（https://www.city.osaka.lg.jp/shimin/cmsfiles/ contents/0000366/366957/28-21tousin011227.pdf）5-6頁。

11）　https://www.city.osaka.lg.jp/shimin/page/0000438270.html

12）　前掲注(10)の答申を参照。

13）　裁判所ウェブサイト（https://www.courts.go.jp/app/files/hanrei_jp/318/089318_ hanrei.pdf）。毛利透「大阪市ヘイトスピーチ対処条例の合憲性」法学教室476号（2020年）127頁参照。判決の合憲判断に疑問を呈するものとして、松井茂記『表現の自由に守る価値はあるか』（有斐閣、2020年）85-86頁。

14）　https://www.city.osaka.lg.jp/shimin/cmsfiles/contents/0000366/366957/30tousinn5g ou.pdf

15）　https://www.city.osaka.lg.jp/seisakukikakushitsu/cmsfiles/contents/0000394/394820/ gaiyou05.pdf

16）　東京都条例は、ヘイトスピーチの解消と並んで、多様な性の理解の推進（第2章）を掲げるが、なぜ具体的な対象がこの2つなのか、条例制定にあたって十分な審議がなされたのか等については疑念も呈されている。「急ごしらえの人権条例」朝日新聞2019年7月28日朝刊3頁。

17）　https://www.soumu.metro.tokyo.lg.jp/10jinken/sesaku/sonchou/kouhyou.html

18）　北村喜宣は、公表という不利益を課す場合には、条例化した上で前提となる法的義務を明確にすべきであると指摘する。同『行政法の実効性確保』（有斐閣、2008年）91-96頁。

19）　川崎市条例の場合、氏名のみならず住所も公表の対象となっている。住所公表は場合によっては大きな社会的制裁効果を持ちうるため、より慎重な運用が必要となるだろう。なお、インターネット上のヘイトスピーチについては、氏名を含まない表現内容の概要等のみの公表となる（17条2項）。

20）　金尚均『差別表現の法的規制——排除社会へのプレリュードとしてのヘイト・スピーチ』（法律文化社、2017年）129-133頁、師岡康子『ヘイトスピーチとは何か』（岩波書店、2013年）157-161頁など。

21）　石埼学・笹沼弘志・押久保倫夫編著『リアル憲法学〔第2版〕』（法律文化社、2013年）84-85頁〔石埼学執筆〕。

22）　公の施設の意義につき、奈須祐治「ヘイト・スピーチと『公の施設』——川崎市ガイドラインを素材として」金沢法学61巻1号（2018年）240頁以下、241-245頁、中村・前掲注(1)〔中村 2018〕72頁。

23）　川崎市はじめ、ほとんどのGL・基準は、各地方公共団体の公式ウェブサイトで閲覧できるが、一部、内容を公表していない市町もある。

24）　最三判平7・3・7民集49巻3号687頁。

25）　最二判平8・3・15民集50巻3号549頁。

26）　ただし、東京都基準および新宿区GLは、言動要件を「ヘイトスピーチが行われる蓋然性が高いこと」、迷惑要件を「ヘイトスピーチが行われることに起因して発生する紛争等により、施設の安全な管理に支障が生じる事態が予測されること」と整理し、川崎市GL

にある迷惑要件該当性判断にあたっての具体的考慮要素を挙げていない。

27)　迷惑要件を持たないGLの多くは、言動要件を京都府GLに揃えているのに対して、京都市GLは「『不当な差別的言動』が行われることにより、人格権をはじめとする基本的人権を侵害することが、客観的な事実に照らし、具体的に明らかに予測される場合」としており、厳格に運用しようとすれば判断に影響を与えうる差異が見られる。

28)　木下昌彦「公共施設の管理権とその憲法的統制」横大道聡編著『憲法判例の射程〔第2版〕』(弘文堂、2020年) 171頁以下、176頁。

29)　同上。泉佐野判決の園部逸夫補足意見も参照。もっとも、金澤孝「集会の自由と市民会館の使用不許可——泉佐野市民会館事件」別冊ジュリスト245号『憲法判例百選Ⅰ〔第7版〕』(有斐閣、2019年) 175頁以下、176頁は、適用規定の違いではなく「説示の形式的差異にとどまるという見方」も可能とする。

30)　山本隆司『判例から探究する行政法』(有斐閣、2012年) 223頁。

31)　最三判平18・2・7民集60巻2号401頁。この判決では、いわゆる判断過程審査が示唆されている。

32)　師岡康子「川崎市によるヘイトスピーチへの取組——公の施設利用制限と反差別条例素案」別冊法学セミナー『ヘイトスピーチに立ち向かう』(日本評論社、2019年) 163頁以下、166-167頁、楠本孝「ヘイトスピーチ対策としての公共施設利用制限について」三重短期大学地研年報22号 (2017年) 1頁以下、17頁。

33)　奈須祐治『ヘイトスピーチ法の比較研究』(信山社、2019年) 502頁、師岡・前掲注(32) 167頁、前田朗『ヘイト・スピーチと地方自治体』(三一書房、2019年) 165-166頁。

34)　泉佐野判決も、集会主催団体の危険性を理由に同法理の適用を排除している。

35)　泉佐野判決については、「文面上の違憲判断も十分に可能であった」とする指摘もある。川岸令和「集会の自由と市民会館の使用不許可——泉佐野市民会館事件」別冊ジュリスト217号『憲法判例百選Ⅰ〔第6版〕』(有斐閣、2013年) 182頁以下、183頁。また、「公序良俗」型規定は「明らかな危険の発生が具体的に予見される」場合に限定されることで漠然不明確の瑕疵が治癒されるという指摘もある。金澤・前掲注(29) 176頁。こうした違憲の疑いのある規定があまり問題とならないのは、最高裁判例による限定解釈を前提としているからであろう。奈須・前掲注(22) 244頁。

36)　ここでいう閉鎖型とは、単に屋内ということではなく、外部へのメッセージ伝達が遮断されているという意味である。

37)　閉鎖型か開放型かは、施設の構造や設備、集会の形態等を勘案して判断することになるだろう。

38)　たとえばヘイトスピーチ集会を「礼節」の侵害とみなすのであれば、公序良俗規定違反と位置づけて制約の正当化をはかることになると思われる。奈須・前掲注(33) 516頁注(479)参照。

39)　木下智史「集会の場所の保障をめぐる事例」毛利透ほか『憲法訴訟の実践と理論』(判例時報社、2019年) 23頁以下、31頁、中林暁生「パブリック・フォーラム」駒村圭吾＝鈴木秀美編著『表現の自由Ⅰ——状況へ』(尚学社、2011年) 197頁以下、217頁。

40)　木下・前掲注(39)32-35頁、山本龍彦「鳥籠の中の『言論』？——『公の施設』の閉鎖性／『道路』の開放性」中林暁生＝山本龍彦『憲法判例のコンテクスト』(日本評論社、

2019年）274頁以下、279-281頁。

41)　毛利透「ヘイトデモ禁止仮処分命令事件」毛利ほか・前掲注(39)3頁以下、18頁、奈須・前掲注(33)515-516頁。

42)　中村・前掲注(2)［中村 2018］91-93頁。なお現在、川崎市GLは、川崎市条例16条で委任された基準と位置づけられており、事後的に民主的正統性を付与されたといえる。

43)　「表現の場」における観点規制の考え方については、横大道聡「表現の自由の現代的論点──〈表現の場〉の〈設定ルール〉について」法学セミナー786号（2020年）24頁以下を参照。

44)　「川崎市差別のない人権尊重のまちづくり条例」（http://www.city.kawasaki.jp/250/cmsfiles/contents/0000113/113041/jyourei1.pdf）。

45)　市には1万8243通もの意見が寄せられた。「『(仮称)川崎市差別のない人権尊重のまちづくり条例』(素案)に関するパブリックコメント手続の実施結果について」（https://www.city.kawasaki.jp/250/cmsfiles/contents/0000125/125973/01kekka.pdf）。

46)　最大判昭50・9・10刑集29巻8号489頁。

47)　ヘイトスピーチの形態と害悪の整理は、奈須・前掲注(33)155頁参照。

48)　奈須祐治「『試行錯誤が足りない日本』ヘイトスピーチ罰則化の理想と現実」IRONNA 2019年9月5日（https://ironna.jp/article/13321）5頁。

49)　「川崎市差別のない人権尊重のまちづくり条例」解釈指針」（https://www.city.kawasaki.jp/250/cmsfiles/contents/0000113/113041/sisinn2.pdf）35頁。

50)　中村・前掲注(2)［中村 2019］138-141頁、同・前掲注(3)27頁参照。また、石塚・前掲注(5)104頁。

51)　師岡・前掲注(32)170-171頁。

52)　前掲注(49)「解釈指針」40頁。

53)　毛利・前掲注(41)16頁。

54)　「〈座談会〉表現の自由」論究ジュリスト14号（2015年）159頁以下、166-167頁の宍戸常寿発言も参照。

55)　大津浩は、開放性と応答性を本質とする自治体立法については、優越的人権の規制立法であっても、国の立法に比して合憲性審査基準を緩和することは許されると説く。同「国の立法と自治体立法　『正統な』自治体立法の規範理論」西原博史『立法システムの再構築』(ナカニシヤ出版、2014年)185頁以下、192頁。本条例の性質を考えれば、その合憲性を承認することで表現の自由の基礎理論が大きな修正を迫られると受け止める必要はないように思われる。

56)　毛利透「表現の自由①──最初は大きな話から」判例時報2344号臨時増刊『法曹実務にとっての近代立憲主義』(2017年)5頁以下、18-19頁。

57)　中村・前掲注(3)28頁。

※ウェブサイトの最終閲覧日は、いずれも2021年6月29日。

第6章

ヘイトスピーチの人権法による統制の可能性

奈須祐治

1 はじめに

　ヘイトスピーチ解消法（以下、解消法）の施行後も、依然として問題の収束には程遠い状況である。ヘイトスピーチには特定人を標的とする型と、不特定多数人に向けられた型（以下、特定型・不特定型）があるが、わが国はこのいずれについても課題を抱えている。まず不特定型については、現在も依然過激なデモや街宣がなされており[1]、警察の対応も法施行直後より後退したといわれる[2]。ウェブ上のヘイトスピーチも相変わらず悪質で、事業者の対応も不十分である[3]。特定型のうち個人を攻撃するものはとりわけ悪質であり、現行法でも規制の対象となるが、個人へのヘイトスピーチはウェブなどで多数みられる[4]。これに対し警察や検察は十分に対応していないうえ、事業者が削除に応じないこともある。しかも、訴訟でウェブ上の書き込みの削除を求めるには数年の期間を要する[5]。

　こうした現状は、規制消極説・積極説双方の理論的前提を動揺させると考えられる。消極説は不特定型には対抗言論が有効だと論じてきたが[6]、警察がカウンターの行動を抑制する動きもみられるし、最近問題になった選挙運動の場面でのヘイトスピーチについてはカウンター活動が公選法に触れる可能性もある[7]。消極説はまた、政府による啓蒙や事業者による自主規制に期待してきたが、法務省はいまだ解消法の差別的言動の定義の明確化に躊躇し[8]、為政者側からのヘイトスピーチを批判する声は少ない[9]。IT事業者の自主規制は広くなさ

れているが、多くの事業者はいまだヘイトスピーチの削除に消極的である。[10]　また、憲法学では民主政のプロセスに関わる言論には強い保護が及ぶといわれるが、選挙運動におけるヘイトスピーチのようなプロセスの濫用には憲法学は無警戒だった。また、特定型に対する既存の規制がある程度実効性をもつことは、消極説が不特定型の規制に反対する前提となるはずである。[11]　しかし、特定型の規制が不十分な状況ではこの前提が疑わしくなる。

　他方で積極説も難題を抱えている。積極説は規制を主張する以上、規制が一定の効果を生むことを想定している。しかし、特定型の規制すら機能しないのなら、保護法益がより抽象的になる不特定型の規制はいっそう機能しないだろう。また、積極説の論者はウェブや選挙運動でのヘイトスピーチへの対応を求めるが、これらの文脈では規制対象の絞り込みはとくに難しい。また、選挙運動におけるヘイトスピーチの規制には、民主政の中核をなす言論を萎縮させる懸念があろう。

　こうした問題を改善する方途として、人権法の制定を検討する価値がある。人権法により国内人権機関を設置し、和解と調停の実現を主目的とした行政的統制の手続を設けるのである。人権機関の形態は多様だが、筆者は現時点ではカナダの各法域で一般的な、私人間の差別の救済を目的とした人権法を制定し、人権委員会と人権審判所を併置することが妥当だと考える。人権委員会は被害者支援のための助言、斡旋・調停等による人権侵害事案の解決、人権に関する調査・研究、教育・啓発等を行うもので、明確にマイノリティ保護を使命とする。この機関は審判所や裁判所とは異なり、自らの意志で積極的にマイノリティ保護の活動を行う能動的で非中立的な機関である。人権審判所は裁判類似の審判手続により人権に関する紛争解決を行う行政審判所であり、中立の立場に立つ。なお、カナダの法域はこのような人権審判所を置くことが多いが、本章が扱うオーストラリアのほとんどの法域では、一般の行政審判所がカナダの人権法に相当する反差別法を所管している。ただ、行政審判所の中に反差別法を担当する部門を設けることで専門性を担保している。

　こうした問題意識から、筆者はカナダとオーストラリアの人権法によるヘイトスピーチ規制を研究する必要性を感じた。両国は人権法の運用の豊かな経験

をもち、先進的なモデルを形成してきた。また、両国ではヘイトスピーチに対する刑事規制は謙抑的で、人権法がそれを補完する役割を果たしてきたので、刑事規制が機能していない日本に人権法を補う意義を示してくれる。さらに両国では、人権機関が調査報告を行う等して立法府を含む他の機関に働きかけることも多く、人権機関が統治機構の必須の構成要素になっている。日本の状況は、個別の法規定の制定改廃による対応ではなく、犠牲者の救済を図ることに焦点を当てて統治機構そのものを組み替える必要を示唆しているので、この点でも両国の法制度を研究する意義がある。筆者は過去に、カナダの人権法による規制の概要を検討した。[12] 本章ではオーストラリアの連邦法を扱う。[13] ちなみに、世界各国の人権法は一般に差別禁止を主たる目的とすることが多く、カナダとオーストラリアもその例外ではない。この点、カナダのほとんどの法域は法律の名称として「人権法」を用いるが、オーストラリアでは「反差別法」という名称が一般的である。そのため、本章のタイトルとしても「反差別法」・「差別禁止法」を用いるほうが適切かもしれないが、筆者の過去のカナダ研究との連続性を踏まえて「人権法」という言葉を用いることとする。

　以下、2でオーストラリアの規制の全体像を描写する。次に3で連邦法の詳細を紹介する。最後に4で、連邦法に対する批判や積み残された課題を明らかにする。紙幅の都合上、連邦の審決例・判例、合憲性論議、各州の規制の検討は別稿の課題としたい。

2　オーストラリアにおけるヘイトスピーチ規制の特徴

1　概　　要

　オーストラリアの規制は比較的歴史が浅く、1989年のニューサウスウェールズ州が最初である。オーストラリアでは北部準州を除く全法域で規制がなされている。規制の背景にはアジア系移民の増加に抗議する極右活動の活発化や、先住民に対するヘイトスピーチの問題等がある。法域ごとに主たる制定動機は異なり規制の態様も多様であるが、ここでは概略のみを示す。[14]

　さきがけはニューサウスウェールズ州の1977年反差別法と1900年犯罪法であ

る。前者は人権法型の規制、後者は刑事規制を行うもので、同州は基本的にこの2本立ての規制を行ってきた。反差別法は「憎悪、甚だしい侮辱または激しい嘲笑」の公然の煽動を違法とし、被害を受けた集団に属する者に反差別委員会への申立てを認めている。そして犯罪法は、人種等に基づく個人や集団に対する脅迫や暴力の煽動を刑事罰の対象にしている。多くの法域でこれに類似する規制が導入されており、ニューサウスウェールズ州の法律が規制の一範型となっている。その後1990年に、西オーストラリア州で、極右の活動が活発化したため一部のヘイトスピーチが刑事規制の対象になった。同州では極右活動家を規制の標的にしたため、調停による解決を主体とする人権法型の規制は不向きとみなされ、刑事規制のみがなされた。かくして同州は、オーストラリアで唯一ヘイトスピーチを刑事法のみで統制する州となった。

　連邦では1995年に立法がなされた。後にみるように、人種差別撤廃条約を実施するための1975年人種差別法(以下、1975年法)を設けるときにヘイトスピーチの刑事規制を行う規定を挿入しようとしたが頓挫し、その後の長い議論を経て1995年に同法の改正法によりヘイトスピーチの規定が挿入された。この連邦法は人権法型の規定のみを設けている点に特徴がある。具体的には「個人または集団を不快にし、侮辱し、辱め、または脅す可能性が合理的にみて高い」言動を違法とし、人権委員会による救済の対象にしている。連邦では長らくヘイトスピーチに対してこの人権法による規制のみを行っていたが、最近になって1995年刑法に人種等の集団に対する暴力の煽動に刑事罰を科す規定が設けられた。現在ではそれに加えてジェノサイドの唱道も同法における処罰の対象になっている。[15]

　1996年には南オーストラリア州が立法を行った。同州の規制は基本的に民事不法行為と刑事規制から成る。ただし、裁判所が刑事被告人に対して損害賠償を命じることも認められている。そのため、厳密には民事不法行為、刑事規制、刑事責任に付随する損害賠償の3本立てである。南オーストラリア州は人権法型の規制が様々な欠点を抱えていることや、人権法による救済は連邦法により享受できることから、あえて民事不法行為の型を選択した。この南オーストラリア州の規制の方法も、西オーストラリア州と並んで独特である。

　そのほか首都特別地域、およびタスマニア、クイーンズランド、ビクトリア
の各州はニューサウスウェールズ州の型に従った規定を置いている。ただし、
首都特別地域、クイーンズランド州、ビクトリア州はニューサウスウェールズ
州と同じく人権法と刑事法の両方を設けるが、タスマニア州は人権法のみを設
けている。

2　主要な規制モデル

　以上の各法域の規制は人権法型、刑事法型、民事法型という3つの類型に基
づいて分類できる。このうち刑事法型・民事法型はほとんど使われていないた
め、実質的には人権法が、オーストラリアにおけるヘイトスピーチの主たる統
制手段となっている。[16]とくに連邦とニューサウスウェールズ州では多くの人権
法違反の申立てがなされ、先例が蓄積している。各法域の人権法に共通する特
徴として、差別禁止が第一次的な目的とされていることが挙げられる。[17]他方
で、刑事法型規制を再生しようとする動きもあり、上記の連邦の刑法改正はそ
の例である。また、ニューサウスウェールズ州ではヘイトスピーチに対してよ
り実効的な規制を求める声が高まり、2018年に法改正がなされて新たな刑事法
の規定（1900年犯罪法93Ｚ条）が設けられた。[18]

　オーストラリアの規制モデルとしては、連邦とニューサウスウェールズ州の
2つの型の分類も有益である。すなわち、人権法型の規定を、比較的広範な規
制を行う連邦のタイプ（以下、連邦型）と、より限定的に規制を行うニューサウ
スウェールズ州のタイプ（以下、NSW型）に分類するのである。[19]連邦型は不快
にする表現、侮辱し、辱める表現に何ら限定を付さずに規制を行うのに対し、
NSW型は不快な表現は規制せず、侮辱や嘲笑も悪質なものに限定して規制す
る。[20]連邦型をとるのは連邦のみで、NSW型は、ビクトリア、クイーンズラン
ド、南オーストラリア、タスマニアの各州および首都特別地域で採用されてい
る。

　これらの型には共通点もある。①いずれも人権法型の規定であるため違法性
の立証責任は刑事裁判の場合よりも軽く、蓋然性の均衡の証明で足りる。違法
性の立証責任は原告にあるが、抗弁の立証責任は被告にある。②公然の行為の

みが規制対象になり、私的な場における言動は規制されない。③列挙事由の1つである「人種」は広く解釈され、ユダヤ人を包含するが、イスラム教徒は含まないと解されている（ただし、連邦はイスラム教徒に関する解釈が判例上確立していない）。④いずれの場合にも違法性は客観的に判断される（客観テスト）。実際に危害が生じたかは無関係であり、被告の煽動や侮辱等の意図も証明不要である。ただし条文の構造上、NSW型は通常の聴衆が煽動されるか否かにより違法性を判定し（通常人テスト）、連邦型は標的となった集団の通常の成員が侮辱等を受けたか否かにより違法性を判定する（通常の犠牲者テスト）点に違いがある。⑤いずれの型でも規定の文言は独自に策定されたものではなく、既存のコモンローまたは法令を借用している。NSW型の憎悪、侮辱、嘲笑という文言はコモンローの名誉毀損を基礎に、「激しい」等の形容詞を付して対象を限定している。連邦型の文言は連邦の1984年性差別法の規定に沿っている。このほかいずれの型の法律にも抗弁規定が備えられ、学問、芸術等の目的でなされた合理的な、善意による言動は免責される。

　以上のように分類できるが、連邦の規定も裁判所により限定解釈されているので、両者に大差はないともいえる。ただ連邦法の規定の広範さと曖昧さには難点があり、NSW型のほうが優れていると論じる学説もある。

3　禁止事由

　禁止される差別事由については法域ごとに相違がみられる。主要な事由は人種・民族、宗教、性的指向である。オーストラリアでは従来先住民に対するヘイトスピーチやアジア系移民に対するヘイトスピーチが社会問題となってきたが、これらの集団は人種・民族に包含される。一部の州では多様な集団が列挙されている。たいていは時々の社会問題に対応する中で法改正が積み重ねられ、保護される集団の数が増えていった（保護される集団の画定の問題について、第7章参照）。たとえばニューサウスウェールズ州では、90年代初期にゲイバッシングの問題に応じ、禁止事由に性的指向が追加された。[21]禁止事由を追加することへの抵抗は少なかったが、宗教に関しては合憲性に疑問を呈する見解もみられる。[22]

3　連邦法の検討

1　沿　　革

　オーストラリアの各法域では、ヘイトスピーチに関する法律の制定や改正の際に表現の自由への懸念が示されることが多かった。連邦では、人種差別撤廃条約を受けた1975年法の制定の際にヘイトスピーチ規制を盛り込もうとしたが失敗し、その後の紆余曲折を経てようやく1995年人種憎悪法が成立して規定が設けられるに至った。以下において経緯を概観したい。

　連邦の規制論議は1975年法の制定に始まる。オーストラリアは1975年9月30日に人種差別撤廃条約に参加した。このときオーストラリア政府は、締約国に一定類型のヘイトスピーチの処罰を求める4条（a）に留保を付した。当時連邦法でヘイトスピーチ規制がなされていなかったためである。ただ、政府は4条（a）を永続的に履行しないと宣言するのでなく、適切な頃合いをみて議会に立法を求めることを約束した。[23] オーストラリアはこの条約を国内で実施するため、1975年法を制定した。[24] 当初の法案には人種的敵意の煽動等に刑事罰を科す条文が含まれていた。これらの規定は表現の自由の観点から多くの批判にさらされ、法案の成立までに削除されてしまった。

　その後、1983年に当時の人権委員会の報告書が、人種憎悪等の煽動を連邦法で規制する提案をした。[25] 同報告書によると、1975年法が人種誹謗の規定を欠くにもかかわらず、人権委員会への申立ての多くが人種主義的言明だった。[26] この現状を受け、委員会は人種憎悪の煽動、集団的名誉毀損の規制を提案した。この報告書の提案は実現しなかったが、90年代初頭に政府機関による3つの報告書が公表されたことで流れが変わった。これらの報告書は、一定の人種誹謗を規制する連邦法の制定を勧告した。[27] これを踏まえ、1992年に議会は人種差別法改正法案で人種誹謗を違法としたうえ、人種差別の煽動に刑事罰を科すことを試みた。[28] ところがこの法案は議会の解散により不成立となった。

　その後、1992年の法案を修正した1994年人種憎悪法案が議会に提出された。同法案は1914年犯罪法を改正してⅣA部を追加し、脅迫等を含む人種誹謗に

刑事罰を科すこと、1975年法にⅡA部を追加してその他の人種誹謗を人権法により統制することを図った。この法案の審議の際にも野党から表現の自由を侵害するとの懸念が出され、上院で刑事罰を科す規定が削除された。政府がこの修正を容れ、最終的には人権法型規制を行うⅡA部のみを新設するかたちで法案が成立した。

2　規制の内容

　削除された刑事の規定は、①人種等を理由とする個人・集団の脅迫の罪、②人種等を理由とする器物損壊の脅しの罪、③人種等を理由とする意図的な憎悪の煽動の罪を創設するもので、明確に人種差別撤廃条約4条と自由権規約20条2項の実施を図ることが意図されていた。[29]これに対し、成立した人権法型の規定は、「(a) ある行為が、すべての状況にかんがみ、他の個人または集団を不快にし、侮辱し、辱め、または脅す可能性が合理的にみて高い場合で、かつ、(b) それが、当該個人、または当該集団の一部もしくは全部の人種、肌の色または国民的もしくは民族的起源を理由になされる場合」に違法とし、人権機関を通じた救済を図るものだった。ただし、「私的になされる場合」は規制から除外された（18C条1項）。「不快にし、侮辱し、辱め、または脅す」言動を違法にするこの規定は、「憎悪、甚だしい侮辱または激しい嘲笑」を違法にするニューサウスウェールズ州の規定と比べ、明らかに違法性の敷居が低い。

　1975年法は抗弁規定を置く（18D条）。具体的には、①芸術作品の上演、展示等、②学問、芸術、科学に関する誠実な目的その他の公益に資する誠実な目的でなされた言明等、③公的関心事の公正かつ正確な報告や論評の、「合理的な、かつ善意による発言または行為」を違法としないとされる。18C条の立証責任は原告にあるが、18D条の立証責任は被告にある。[30]①～③のいずれかの立証に成功しても、共通の要件たる「合理性」・「善意」の双方を立証できなければ抗弁は成立しない。

　連邦法には1975年法以外にもヘイトスピーチに関わる法規定がある。1992年放送サービス法は、共同体の基準からみて放送するに相応しくない番組の放送を行わないよう事業者に行動規範を定めることを求める（123条2項(a)）。その

規範の定立にあたって、番組の中の「民族、国籍、人種、ジェンダー、性的指向、年齢、宗教または身体もしくは精神の障害に基づいて、個人や集団に対する憎悪を煽動もしくは永続化し、またはそれらの人々を誹謗する可能性の高い描写」に対する、共同体の態度を考慮すべきとされる（同条3項(e)）。また、1995年刑法では、人種、宗教、国籍、国民的・民族的起源、政治的意見によって識別される集団全体、およびその中の個人に対する暴力の勧奨（80.2A・80.2B条）、ジェノサイドの唱道（80.2D条）が刑事罰の対象になっている。ただ、連邦法としては1975年法が中心的存在で、学説上議論になるのも、裁判でしばしば争いになるのもこの法律である。

3　救済手続

18C条違反に対しては人権機関による救済が図られる。連邦政府には1986年オーストラリア人権委員会法に基づき、オーストラリア人権委員会が設置されている。連邦の人権法としては、この人権委員会設置法、1975年法、1984年性差別法、1992年障害差別法、2004年年齢差別法がある。他の法域には包括的な反差別法があるが、連邦では個別領域の反差別法を束にして平等保障を図るアプローチがとられている。

救済手続については人権委員会法に規定がある。18C条違反があった場合、人権委員会が最初に申立てを受理する（46P条1項）[31]。申立ては標的とされた集団に属する者にのみ認められる（同条2項）。人権委員会が申立てを長に付託した後（46PD条）、長が調査を行う（46PF条）。長が実体的・手続的要件を満たさないと判断すれば調査は終了となる（46PH条）。そうでない場合、長が調停のための会議を開催でき、必要に応じて当事者や関係人を召致する（46PJ条）。

かつては現在の人権委員会の前身である人権及び平等機会委員会が、審決を下す権限をもっていた。ところが1994年の最高裁判決で、当時のアボリジニーとトレス海峡諸島民委員会の決定が連邦裁判所の命令と同様の法的効力をもつことが、憲法71条が裁判所に独占的に司法権を付与している趣旨に反するため、権力分立原則を侵害し違憲とされた[32]。そのため、現在は調停等が失敗した場合には直接裁判所に訴えることになっている（46PO条）。他の法域ではこう

した連邦憲法上の制約がないため、現在も審判所による審判が行われている。ほとんどの事件が委員会段階で取り下げられるか調停が成立して終了するので、裁判所にまで進むケースはかなり少ない。[33]

　裁判所は、違反が認定された場合、被告に対し損害賠償、違法性の宣言、謝罪・差止め・訂正命令等の広範な救済を命じうる（46PO条4項）。

　以上が連邦法の概要である。連邦法の核である1975年法は刑事罰を欠くため、人種差別撤廃条約の要求は満たせていない。そのため同条約への留保は撤回されていない（最近規定された刑法の定めも、同条約の要求を充足するほど広範かつ包括的でない）。また、オーストラリアは1980年8月13日に自由権規約に参加したが、同様にヘイトスピーチに関する20条について、現行法を超える規制をする義務を負わないという趣旨の留保を付した。この留保も撤回されずにいる。

4　法改正論議

　連邦のヘイトスピーチの規定は、Eatock v. Bolt[34]をきっかけに国民的論議の対象になった。[35]この事件では、著名な評論家が新聞に掲載した2つの記事が18C条を侵害するとされた。これらの記事は、一見すると先住民に見えない人々が何らかの利益を享受すること等を動機として、自らを先住民と名乗ることが流行しているとして、複数の著名人を挙げてその実例を批判的に紹介するものだった。そこで実名を挙げられた者が、執筆者と新聞発行会社を訴えた。裁判所はいずれの記事も18C条に違反することを認めるとともに、被告による18D条の抗弁の主張を斥けた。この評論家の言説は典型的な弱者に対する攻撃ではないうえ、主要メディアで展開されたものだったので、論争を誘発することになった。しかし、実際には当該記事には虚偽の事実が多数含まれていた。また、裁判所が人種的アイデンティティの表明を多文化主義の核心とみなし、それへの攻撃を深刻に受けとめたことは、[36]オーストラリアの伝統的な多文化主義の理念に合致するものだった。[37]ところが、こうした点は判決が出された当時は国民に広く理解されず、判決への批判が大々的に展開された。

　その結果、連邦議会で18C条以下を改正する法案が策定されるに至った。[38]この法案は、①18C条の「不快にし、侮辱し、辱め、または脅す」という部分

を、「誹謗し」または「脅迫する」として範囲を絞ること、②ニューサウス
ウェールズ州等で採用されている通常人テストを法律に明記して通常の犠牲者
テストを改めること、③18D条の抗弁規定の範囲を大幅に広げ、政治、社会、
芸術等に関する公的討論を、現行法のように「合理的な、かつ善意による」場
合に限定せずに保護することを図った。これに対して多くの理論的な批判がな
されたうえ[39]、パブリック・コメントでも反対が多数を占めた[40]。政府は最終的に
この法案の議会提出を諦めた。

　この一連の論争は、カナダで起こった連邦人権法のヘイトスピーチ規定に対
する右派の反動に酷似している[41]。ところが、カナダで最終的に右派の勢いが
勝って当該規定の廃止に至ったのに対し、オーストラリアのほうは現状維持派
が持ち堪えた。この事件をめぐる経緯は、オーストラリアにおけるヘイトス
ピーチ規制の国民的基盤の強固さを物語るといえそうである。

5　連邦法の課題

（1）明確性の問題　　連邦法には学説による批判がある。Dan Meagherは法
の明確性を問題にする。Meagherは18C・18D条の文言に曖昧さがあり、これ
が正当な言論に不合理に干渉し、萎縮を生むという問題、司法と行政の過度な
裁量を招いて立法府による民主的決定を侵害するという問題、法が曖昧である
ことで法の執行を躊躇させることになり、市民が法に対する信頼を失うという
問題を指摘する[42]。Meagherが主に問題にするのは、18C条の「不快にし、侮辱
し、辱め、または脅す」の部分、違法性の判定に用いられる通常の犠牲者テス
ト、人種等を「理由に（because of）」の部分[43]、18D条の「合理的な、かつ善意に
よる」の部分（とくに「合理的な」の部分）[44]である。こうした問題への処方箋とし
て、Meagherは、①18C条を改廃して、人種憎悪の概念を用いて規制対象の
敷居値を上げること、②些細な法律違反は規制の対象にしないこと、③18D条
の抗弁規定、とくに「合理的な、かつ善意による」の部分を明確にすることを
提案している[45]。

（2）救済手続の問題　　連邦法の救済手続に関しては、Katharine Gelberと
Luke McNamaraによる次の指摘がある[46]。①ヘイトスピーチは公的害悪を生む

にもかかわらず、手続の初めから終わりまで私人がイニシアチブをとる制度になっている。[47)] ②ヘイトスピーチが公的害悪を生むにもかかわらず、標的となった集団の成員しか申立てができないのはおかしい。③ヘイトスピーチが公的害悪を生むにもかかわらず、政府は申立て以降のすべての過程で何の役割も果たさず、中立の立場に立つ。④調停等のインフォーマルな手続は、ヘイトスピーチの公的害悪にうまく対応できない。大半は非公開で手続が終了し、ヘイトスピーチに対する公的非難がなされず、公衆の教育や将来のヘイトスピーチの抑止につながらない。⑤損害賠償、謝罪、差止め等の救済手段は被害者を救済することに焦点を当てていて、ヘイトスピーチを行った者を処罰することを目的としていない。この点でもヘイトスピーチの公的害悪に対応できていない。[48)] ⑥法によって達成される利益は社会全体に及ぶのに、申立てを行う私人がすべてのコストを負う。一般に審理に時間がかかるうえ申立人が訴訟費用を負わされる可能性があり、コストが大きい。⑦制度の運用が申立てを行う個人の資質に左右される。また、その個人が富裕な団体等の制度的支援を受けられるかも重要となる。

　これらの問題に関しGelberらは制度改革を提案する。[49)] すなわち、違法なヘイトスピーチに対し申立人が現れない場合に人権機関が申立てを行えるようにすること、政府機関が被害者であるマイノリティの利益を促進する施策を行えるようにすること、申立人が訴訟費用を負わないようにすること、誰でも申立てを行えるようにすること、審理の迅速化に向けて予算を投入することである。

　（3）その他の課題　　連邦法の実効性にも疑いが表明されている。これまでの規制の努力にかかわらず、オーストラリアでヘイトスピーチは依然として深刻だと指摘されている。[50)] 現在でも先住民のみならず、同性愛者、イスラム教徒、アラブ系市民等の多様な集団がヘイトスピーチの標的になっている。また、Bolt事件の結果、ヘイトスピーチ法に対するネガティブな論議がなされるようになり、公衆の信頼が大きく揺らぎ、法の期待する教育効果とは反対の効果を生んだという指摘もある。[51)]

　他方で、連邦のヘイトスピーチ法については、次のようなポジティブな面も指摘されている。第1に、上記のようにBolt事件を受けて提案された連邦法

改正は失敗に終わった。第2に、国民の間でもヘイトスピーチ法に対する支持が多数を占めている。また、ヘイトスピーチの申立てを数多く行う活動家達は、ヘイトスピーチ法に一定の効果があると証言している。第3に、長年にわたるヘイトスピーチ法の運用の結果、用いられる言葉が穏健化したり、偏見の表明自体が減少したりする効果があった。第4に、表現の自由に対する萎縮効果や、被告を殉教者にして祀り上げる事態はほとんど起こっていない。

4　おわりに

　オーストラリアは人権法を主軸としたヘイトスピーチの規制体系を築いている稀有な国だが、少なくとも本章で紹介した連邦法は様々な問題を抱えており、多くの批判を受けていることも確認できた。とくに曖昧性と広範性を考慮して、連邦型に対するNSW型の優位を説く見解があることも確認した。救済手続については、多くの実践的課題が指摘され改革案が提示されていた。また、オーストラリアでは依然としてヘイトスピーチが頻繁にみられ、現行法の実効性への疑問も提起されていた。他方で連邦法の肯定的側面も確認できたし、規制に対する国民の支持は強固だった。

　日本で同種の人権法型の規制を取り入れる場合、このタイプの規制の長短を確認しておくべきだろう。まずメリットとしては以下のものが挙げられる。①市民またはマイノリティ主導で手続を進めることができ、国家権力の濫用を招く危険が少ない。②人権委員会・審判所等の国内人権機関がマイノリティの権利保障を支援し、エンパワーメントを果たすことができる。③人権を専門にする国内人権機関が法令解釈や判例を積み重ねていく中で、人権法の解釈を確立していくことが期待できる。反対に次のようなデメリットがある。①′国内人権機関が扱う事件を保守派の評論家やメディアが大々的に取り上げて批判することでバックラッシュを招き、国民の人権法への理解が後退してしまいかねない。②′制度設計によっては、私人である申立人に過度の負担を強いてしまう。また、自ら行動を起こす者がいなければ、申立て自体が行われない。③′調停等のインフォーマルな手続では態度を改めない者や、過激なヘイトスピー

チを発する者に対応できない。

　本章でみたように、オーストラリアは上記の人権法のメリットを享受してきた。ただし、Gelberらの指摘によれば、オーストラリアの連邦・州の人権機関は、中立的立場からの紛争解決を基本方針としており、マイノリティへの支援の面で難点がある。[57] また、連邦においては人権委員会の審判権限が違憲とされたため、近時は裁判所による判例形成がなされており、審判手続を通じた知識集積が行われないことにも留意を要する。

　以上で確認したように、オーストラリアでは人権法のデメリットも現れている。オーストラリアでは、人権法に過度に偏重した制度設計が行われたことで歪みが生じているともいえよう。ただ、刑事規制を運用している国は規制権限が濫用される、逆に立法がほとんど使われずにいる等の問題があり、オーストラリアがとくに法の運用に失敗しているともいえない。[58] Gelberらは人権法型の規制を改善していく方途を示しているが、最近のニューサウスウェールズ州のように刑事規制を強化する方向にも見込みがある。実際に、人権法と刑法を併用する意義を強調する学説もある。[59]

　日本では一部のマイノリティに対する差別が厳しく、マイノリティの団体の組織化にも限界がみられる。マイノリティのエンパワーのためにも、刑事規制とともに人権法による規制の必要性が検討されてよい。また、仮に国内人権機関の設置が困難なら、大阪市ヘイトスピーチ条例の当初案にあったように、マイノリティのための訴訟支援の仕組みも検討されるべきである。また、国レベルでの人権機関の設置のハードルが高いのであれば自治体レベルでの設置を検討できる。これらの点を含め今後多方面からの理論的検討が求められる。

1）　明戸隆浩＝瀧大知「現代日本におけるヘイトスピーチの実態」法学セミナー編集部編『ヘイトスピーチとは何か──民族差別被害の救済』（日本評論社、2019年）5頁参照。
2）　同上10-11頁、明戸隆浩＝金尚均＝豊福誠二＝師岡康子＝瀧大知「［座談会］ヘイトスピーチ／ヘイトクライムへの警察対応」法学セミナー編集部編『ヘイトスピーチに立ち向かう──差別のない社会へ』（日本評論社、2019年）8-10頁〔瀧、豊福発言〕参照。
3）　明戸隆浩「解消法施行後のヘイトスピーチの実態」人種差別実態調査研究会『日本国内の人種差別実態に関する調査報告書【2018年版】』（https://gjinkenh.files.wordpress.com/2018/04/e4babae7a8aee5b7aee588a5e5ae9fe6858be8aabfe69fbbe7a094e7a9b6e4bc9a

e5a0b1e5918ae69bb8e380902018e5b9b4e78988e380911.pdf) 8 頁参照。

4)　師岡康子「差別ツイートに対する脅迫罪告訴事件——現行法活用の意義と限界」法学
　セミナー 777号（2019年）44頁、櫻庭総「ヘイトスピーチを伴うSNS上の表現と脅迫罪」
　法学セミナー 777号（2019年）49頁参照。

5)　曽我部真裕＝師岡康子＝金尚均＝李春熙「［パネルディスカッション］実効性のある被
　害者救済を考える」第二東京弁護士会人権擁護委員会編『インターネットとヘイトスピー
　チ』51-54頁〔師岡発言〕参照。インターネット上のヘイトスピーチについて第 4 章参照。

6)　拙著『ヘイト・スピーチ法の比較研究』（信山社、2019年）492頁参照。

7)　明戸＝瀧・前掲注(1)10-13頁参照。

8)　同上 4 、 8 頁参照。

9)　明戸ほか・前掲注(2)26頁〔師岡発言〕参照。

10)　曽我部ほか・前掲注(5)54-55頁〔師岡発言〕参照。

11)　拙著・前掲注(6)457頁の成嶋説のように、消極説にも現行法の機能不全に注意を促す
　ものがある。

12)　同上180頁以下、および拙稿「カナダの州人権法によるヘイトスピーチ規制(1)～(3・
　完)」西南学院大学法学論集50巻 2 ・ 3 号101頁、50巻 4 号143頁、51巻 1 号 1 頁（2018年）
　参照。

13)　国内の先行業績として、ステファニー・クープ「オーストラリアにおける人種に基づ
　く中傷の禁止と表現の自由——イートック v. ボルトを中心に」アジア太平洋レビュー 10
　号（2013年） 2 頁、同「人種差別的表現を規制する連邦法に関するオーストラリア社会の
　見解——「表現の自由（§18Cを廃止する）法案2014年」に関するパブリックコメントを
　手がかりとして」青山法学論集57巻 4 号（2016年）319頁、藤井樹也「IT化時代における
　表現の自由と差別規制——オーストラリアにおけるサイバー・レイシズム問題を素材
　に」筑波ロー・ジャーナル 1 巻（2007年）95頁、佐藤潤一「オーストラリアにおける差別
　表現規制——差別禁止法と国内人権機関の役割」国際人権24号（2013年）53頁等がある。
　オーストラリアの代表的業績としては、Luke McNamara, *Regulating Racism: Racial
　Vilification Laws in Australia*, Institute of Criminology, University of Sydney Law
　School, 2002; Katharine Gelber & Adrienne Stone, *Hate Speech and Freedom of Speech
　in Australia*, Federation Press, 2007等がある。

14)　以下の素描において、McNamara, *supra* note 13を参考にした。各法律は、拙稿「オー
　ストラリアのヘイト・スピーチ関連法令」西南学院大学法学論集52巻 1 号（2019年）227
　頁で訳出した。

15)　この改正について、Simon Bronitt, "Hate Speech, Sedition and the War on Terror",
　in Gelber & Stone, *supra* note 13, p. 129参照。

16)　See, Michael Chesterman, *Freedom of Speech in Australian Law: A Delicate Plant*,
　Ashgate, 2000, pp. 201-202; Katharine Gelber & Luke McNamara, "Anti-Vilification
　Laws and Public Racism in Australia: Mapping the Gaps between the Harms
　Occasioned and the Remedies Provided", *University of New South Wales Law Journal*,
　Vol. 39 (2016), p. 489, fn. 3.

17)　See, Chesterman, *supra* note 16, p. 216.

18)　See, generally Monica Wilkie, *Criminalising Hate Speech: Australia's Crusade against Vilification*, Center for Independent Studies (2019), available at https://www.cis.org.au/app/uploads/2019/09/ap6.pdf.

19)　この分類を行う、Gelber & McNamara, *supra* note 16, pp. 489-490参照。

20)　2つの型の異同について、*ibid.*, pp. 491-499を参照した。

21)　See, Katharine Gelber & Luke McNamara, "The Effects of Civil Hate Speech Laws: Lessons from Australia", *Law & Society Review*, Vol. 49 (2015), pp. 634-635.

22)　See, Dermot Feenan, "Religious Vilification Laws: Quelling Fires of Hatred", *Alternative Law Journal*, Vol. 31 (2006), pp. 155-158. 反対説として、Gelber & McNamara, *supra* note 16, p. 510参照。

23)　See, Human Rights and Equal Opportunity Commission, *Racist Violence: Report of the National Inquiry into Racist Violence in Australia*, Australian Government Publishing Service, 1991, p. 291.

24)　オーストラリアの連邦議会の立法権限は憲法51条に列記されたものに限定される。1975年法は外務事項に関する権限（同条29項）を根拠として設けられた。

25)　See, Human Rights Commission, Report No. 7, *Proposal for Amendments to the Racial Discrimination Act to Cover Incitement to Racial Hatred and Racial Defamation*, Australian Government Publishing Service, 1983.

26)　See, *ibid.*, paras. 6-8.

27)　Human Rights and Equal Opportunity Commission, *supra* note 23, pp. 296-302; Royal Commission Into Aboriginal Deaths In Custody, *Final Report*, Vol. 4, Australian Government Publishing Service 1991, paras. 28.3.31-28.3.50; Australian Law Reform Commission, *Multiculturalism and the Law*, Report 57, Australian Government Publishing Service, 1992, paras. 7.33-7.50.

28)　内容について、Cth Hansard (HR), 16 December 1992, p. 3888参照。

29)　See, House of Representatives, *Racial Hatred Bill 1994, Explanatory Memorandum*, Commonwealth Government Printer, 1994, pp. 4-8.

30)　See, *ibid.*, p. 11.

31)　連邦でも州でも原則として最初に人権委員会に申立てを行う前置主義がとられている。Katharine Gelber & Luke McNamara, "Private Litigation to Address a Public Wrong: A Study of Australia's Regulatory Response to 'Hate Speech'", *Civil Justice Quarterly*, Vol. 33 (2014), p. 307.

32)　Brandy v. Human Rights and Equal Opportunity Commission, (1995) 183 CLR 245.

33)　See, McNamara, *supra* note 13, p. 62.

34)　[2011] FCA 1103.

35)　詳細はクープ・前掲注(13)[2013年論文] 参照。

36)　See, *Bolt, supra* note 34, paras. 334-335.

37)　See, Office of Multicultural Affairs, Department of the Prime Minister and Cabinet, *National Agenda for a Multicultural Australia...Sharing Our Future*, Australian Government Publishing Service, 1989, p. v.

38)　詳細はクープ・前掲注(13)［2016年論文］参照。

39)　See, e.g., Tim Soutphommasane, *I'm Not Racist but...40 Years of the Racial Discrimination Act*, Kindle ed., NewSouth, 2015, loc. 1442-1480.

40)　クープ・前掲注(13)［2016年論文］は、パブリック・コメントを詳細に検討している。

41)　拙著・前掲注(6)197-201頁参照。

42)　See, Dan Meagher, "So Far So Good?: A Critical Evaluation of Racial Vilification Laws in Australia", *Federal Law Review*, Vol. 32 (2004), pp. 227-230.

43)　See, *ibid.*, pp. 230-239.

44)　See, *ibid.*, pp. 240-250.

45)　See, *ibid.*, pp. 251-253. Meagherは①を達成するため、NSW型規制を導入することもありうるという。See, *ibid.*, p. 252. これに対して連邦型のほうが害悪をうまく捉えているとする、Gelber & McNamara, *supra* note 16, p. 506参照。

46)　以下の諸点につき、Gelber & McNamara, *supra* note 31, p. 307以下参照。

47)　いわば私人が検察官の役割を果たすことになる。See, *ibid.*, p. 316.

48)　公的害悪を重視した救済命令を下した判例として、*ibid.*, pp. 318-319参照。

49)　See, *ibid.*, p. 334.

50)　See, Gelber & McNamara, *supra* note 16, pp. 501-504.

51)　See, e.g., Katharine Gelber & Luke McNamara, "Freedom of Speech and Racial Vilification in Australia: 'The Bolt Case' in Public Discourse", *Australian Journal of Political Science*, Vol. 48 (2013), p. 470; Adrienne Stone, "The Ironic Aftermath of Eatock v. Bolt", *Melbourne University Law Review*, Vol. 38 (2015), p. 926.

52)　See, Gelber & McNamara, *supra* note 21, p. 659 (2014年4月のABCニュースの世論調査では、88％の国民が連邦法の維持に賛成した。).

53)　See, *ibid.*, pp. 653-654; Gelber & McNamara, *supra* note 31, p. 321.

54)　See, Gelber & McNamara, *supra* note 21, p. 651.

55)　See, *ibid.*, pp. 656-657.

56)　Gelberらによれば、多くのマイノリティが法の存在自体がもつ象徴的効果を信頼している。See, Gelber & McNamara, *supra* note 16, p. 508.

57)　See, *ibid.*

58)　刑事規制の問題点を整理したうえで、人権法型の規制の優位性を説くものとして、McNamara, *supra* note 13, pp. 245-249.

59)　See, e.g., Ben White "The Case for Criminal and Civil Sanctions in Queensland's Racial Vilification Legislation", *Queensland University of Technology Law Journal*, Vol. 13 (2018), pp. 245-246.

＊本章の基になる内容について、2018年10月に行われた、オーストラリア学会第27回関西例会で報告機会をいただいた。また、西南学院大学の一谷智子教授からは、報告原稿にコメントをいただいた。例会出席の先生方、一谷先生に感謝したい。ただし、本章の誤りはすべて筆者の責任である。本章はJSPS科研費JP20K01305の成果である。

第 Ⅲ 部　理論的探求

第7章

ヘイトスピーチ規制と保護属性

村上　玲

1　はじめに

　いわゆるヘイトスピーチ規制において、いかなる内容の表現を規制対象とするかは国ごとの歴史や文化に依存しており、たとえばヘイトスピーチ規制を有するヨーロッパ諸国にあっても、ドイツをはじめホロコーストの否定を処罰対象とする国々もあれば、イギリスのように規制を行っていない国も存在する。

　我が国は大日本帝国憲法下から集会・結社・言論・出版の自由を認めていたものの、法律による制限を受ける余地を残していた。それゆえ、帝国主義的国家体制の強化や不利な戦況の隠匿などを目的とした言論規制・言論弾圧がなされ、国民の思想の自由や知る権利の享有に明らかな支障を生じさせるに至った。この過去に対する反省の上に立ち、現行憲法下では無制限ともいえる広範な表現の自由が保障されることを明記したという歴史的経緯から、我が国では言論・出版の自由を特別な地位にある権利と考える傾向にあり、たとえヘイトスピーチに類する表現であったとしても罰則を伴う規制は有していない。

　ヨーロッパ諸国はナチス・ドイツが行ったホロコーストを否定または正当化するなどの言論をヘイトスピーチと捉え、罰則をもって規制することで知られているが、その中でイギリスの言論規制はEU加盟当時から独自路線を採っており、ナチスに関する言論に直接焦点を当てた規制は現在でも見られない。イギリスは罰則を伴った憎悪扇動表現規制を有してはいるものの、それは旧植民地地域からの移民の流入等の"現代の国内情勢における問題"を反映したもの

であり、ヨーロッパ大陸の"歴史に対する清算的な言論規制"とは性格が異なっている。こうした第二次世界大戦における歴史的負債に関する言論には市場を開放する一方で、現在の国家社会が抱える多様性にまつわる諸課題に向き合おうとするイギリスの姿は、我が国のヘイトスピーチ問題を取り巻く状況と重なる部分があり、ヨーロッパ大陸のヘイトスピーチ規制モデルよりも、比較対象としては適しているように思われる。

　そこで本章ではヘイトスピーチ規制における保護属性、すなわち、いかなる内容の表現が規制対象となるかについて、我が国のいわゆるヘイトスピーチ解消法制定時の議論およびイギリスの憎悪扇動表現規制制定時の議論に着目し、イギリスで規制対象となっている属性の我が国への導入可能性について検討する。なお、反差別法としてのヘイトスピーチ規制と信教の自由との対立については第8章「信教の自由と反差別法」において検討されている。また、ヘイトスピーチは人間の尊厳を侵害するものとして位置づけることもできる。この点に関し、尊厳に対する侵害行為としてのヘイトスピーチについては第9章「ヘイトスピーチと尊厳」を参照されたい。

2　保護属性に関する我が国の現行法制定時の議論

　ヘイトスピーチの規制に関する国際条約として、市民的および政治的権利に関する国際規約（昭和54年条約7号　以下、「自由権規約」という。）20条やあらゆる形態の人種差別の撤廃に関する国際条約（平成7年条約26号　以下、「人種差別撤廃条約」という。）4条が挙げられ、自由権規約20条は国民的、人種的、宗教的憎悪の唱道等の禁止を、人種差別撤廃条約4条は人種差別の扇動等の禁止・処罰を締約国に求めている。それぞれの条約について、自由権規約については1979年に批准し、人種差別撤廃条約については1995年に加入している。自由権規約については留保を付してはいないものの、人種差別撤廃条約4条については、表現の自由の保障の観点から、留保を付している。ゆえに我が国は留保が付されているものもあるものの差別的言動に対処する国際条約上の責務を負っており、とくに、在日韓国朝鮮人に対するヘイトスピーチが社会問題となった2010

年代では、国内問題としてこれに対処するためにも、また国際条約の履行という側面でも対処が求められていた。

　こういった状況の中で、2015年の第189回国会において人種等を理由とする差別の撤廃のための施策の推進に関する法律案（第189回国会参法第7号　以下、「人種差別撤廃法案」という。）が参議院に提出され審議されている。[1] 本法案は日本国憲法と人種差別撤廃条約の理念に基づき、人種等を理由とする差別の撤廃のための施策を総合的かつ一体的に推進することを目的とした基本法的理念法として提案されており、同法案3条では人種等を理由として、差別的言動をしてはならないと定めていた。そして、人種差別撤廃法案と並行して提出され、2016年に我が国初となるヘイトスピーチに関する理念法として制定、公布されたのが「本邦外出身者に対する不当な差別的言動の解消に向けた取組の推進に関する法律（平成28年法律68号　以下、「ヘイトスピーチ解消法」という。）」である。本法はその前文および1条の目的からも明らかなように、「本邦外出身者またはその子孫」（以下、「本邦外出身者」という。）に対する差別的言動の解消を目的[2]としており、差別的言動の対象を本邦外出身者に限定している。これは京都朝鮮学園事件[3]に代表されるように在日韓国朝鮮人に対する排外活動やデモ等が社会問題化したことを受け、[4]当該問題を解消することを目的として制定されたからである。

　両法案の審議において、いずれも、在日韓国朝鮮人に対するヘイトスピーチ問題を念頭に、その解消を図らなければならないという流れは一致していたが、当時の政権与党である自民党の提出法案であるヘイトスピーチ解消法はその保護範囲を本邦外出身者に限定したのに対して、野党であった民主党による人種差別撤廃法案は、その保護範囲を人種、皮膚の色、世系、民族的・種族的出身としていた。これは法案提出の背景たる問題である在日韓国朝鮮人に対する排外活動等差別的言動の解消に焦点を絞ったヘイトスピーチ解消法案に対し、人種差別撤廃法案ではアイヌ民族に対するヘイトスピーチや部落問題なども射程に加えようとしていた点が大きな違いであった。[5]法案の修正協議においては、ヘイトスピーチを根絶するという意思の下、全会一致での法案成立という路線を参議院法務委員会はとることとなり、与党案をたたき台として審議が

進められることとなった。それゆえ、人種差別撤廃法案よりも保護射程の狭い
ヘイトスピーチ解消法案は再三、その保護範囲について質問がなされている[6]。
加えて、本邦外出身者はその定義に「適法に居住するもの」との条件が付され
ているため、在留の適法性が争われているオーバーステイや、難民申請が政府
の不当な判断により認められなかった者等に対するヘイトスピーチを許容する
のかという問題も法案審議において指摘されている[7]。

　衆議院でのヘイトスピーチ解消法案に関する審議においても、保護対象が本
邦外出身者に限定されていることについて質問がなされている[8]。これについ
て、法案提出者である矢倉克夫参議院議員は立法事実として在日韓国朝鮮人に
対するヘイトスピーチを想定し、限定を入れた旨の答弁を行っている[9]。

　このようにヘイトスピーチ解消法制定時の議論において、在日韓国朝鮮人に
対するヘイトスピーチの解消を喫緊の課題と設定していたこともあり、人種差
別撤廃条約が規定するような人種にかかる普遍的な差別禁止という観点からの
差別的言動の解消という取組みには至り切れなかったことがうかがえる[10]。

3　イギリスにおけるヘイトスピーチ規制法制定時の議論

　ヘイトスピーチ解消法の国会審議で言及されたように[11]、いわゆるヘイトス
ピーチ規制を有する国として、ヨーロッパの国々が挙げられる。このうち、イ
ギリス[12]は我が国と同様に、当時の社会問題等社会状況を受けて、ヘイトスピー
チ規制法の保護対象を拡張してきたという歴史を有している。そこで、本節で
はイギリスがどのような状況に遭遇し、その問題に対してどのような議論を経
て法制度を策定していったかを憎悪扇動罪を素材として概観する。なぜなら、
ヘイトスピーチ規制法を有するとされている国々もヘイトスピーチという名の
下で規制をしているのではなく、たとえばドイツの民衆扇動罪のように憎悪を
かきたてるないし扇動する行為等を処罰対象としているからであり、イギリス
もまた憎悪扇動罪として"民衆の扇動"を中心に捉えた規制を行っているから
である。

　イギリスの憎悪扇動表現規制は20世紀にはいるまでコモンローによって統制

されていた。たとえば、臣民間の敵意と政府に対する暴動を扇動した場合はコモンロー上の扇動罪（Sedition）が、英国国教会を中心としたキリスト教信仰を冒瀆した場合はコモンロー上の神冒瀆罪（Blasphemy）が適用されるなどしていた。しかし、いずれも19世紀の判例法の展開によって、その適用要件が限定されていった結果、適用される事例が減少し、死文化状態になるに至っていた。このため、イギリスでは制定法による憎悪扇動表現規制が展開されるようになった。

　イギリスにおいて制定法上の扇動罪を初めて導入したのは1936年の公共秩序法[13]（以下、「1936年法」という。）であるとされている。同法は当時イギリス国内において問題となっていたファシストのイギリス連合への対処[14]を背景として、公の治安を乱し、異なる見解を持つ者の権利を否定するといった個人ないし組織に効果的に対処することを目的として、既に存在していた各地の条例等[15]を制定法化する形で5条に扇動罪を設けている。この5条は現行法である各種扇動罪の文言の基礎となっており、「秩序紊乱を引き起こす意図を持って、または秩序紊乱を引き起こす蓋然性がある場合であって、威嚇的（threatening）、罵倒的（abusive）または侮辱的（insulting）言説または振る舞いを、公共の場または公共の集会において行った者は何人も罪とする」とし、7条2項は略式起訴による有罪判決を受けた場合、3月以下の自由刑もしくは50ポンド以下の罰金刑に処し、またはその両方を併科しうると定めている。しかしながら、1936年法の扇動罪は治安紊乱を発生させる意図ないし蓋然性が要件とされていたため、反ユダヤ主義等ファシスト運動に有効には対処しえないという欠点が指摘されていた[16]。

　1936年法はファシストによるデモ対策を目的とするものであったが、その文言自体は特定の属性を保護する内容とはなっていない。これに対して、イギリスにおいて、特定属性にかかる憎悪扇動罪を初めて設けたのが1965年の人種関係法[17]（以下、「1965年法」という。）である。同法はマルタやキプロスといった海外領土からブリテン島に流入する有色人種移民問題に対処し、公の場での差別と扇動を規制するために制定されたものであり[18]、制定の背景として政策として人種的憎悪扇動罪の創設をマニフェストとして掲げていた労働党が1964年の総選

挙で勝利したことが大きく影響している。

　1965年法6条1項は人種的憎悪扇動罪を定めており、皮膚の色、人種または種族的（ethnic）もしくは民族的（national）な出身によって区別されるグレート・ブリテンに存する公衆の一部に対して、憎悪をかき立てる意図を持って、（a）威嚇的、罵倒的または侮辱的な文書を出版または配布した者および、（b）公共の場または公の集会において、威嚇的、罵倒的または侮辱的な言説を用いた者は、その表現物または言説が肌の色、人種または種族的もしくは民族的出身を根拠としており、憎悪を扇動する蓋然性が存在する場合、罪になるとしている。また、刑罰は略式起訴による有罪の場合、6月以下の自由刑もしくは200ポンド以下の罰金刑またはその併科が、正式起訴による有罪の場合、2年以下の自由刑もしくは1000ポンド以下の罰金刑またはその併科が規定されていた。ただし、訴追するにあたっては法務総裁（Attorney General）[19]の許可が必要とされている（6条3項）。

　このように、1965年法による人種的憎悪扇動罪は1936年法の憎悪扇動罪を基礎としつつもの、訴追にあたっては法務総裁による許可を要件として課している。これは人種的憎悪の扇動に対処する一方で、正当な言論を保護するためだとされている[20]。さらに、1965年法は1936年法5条を改正し、1936年法では規制対象となってはいなかった文書等の掲示、配布または展示も処罰対象行為とする一方で、訴追にあたっての要件として法務総裁による許可を加えている。人種的憎悪扇動罪については、1965年法は改正法である1976年の人種関係法[21]により廃止され、現行法である1986年の公共秩序法[22]（以下、「1986年法」という。）第3編へと改正されている。1986年法は劇場法など個別のメディア法ごとに規定されていた人種的憎悪扇動表現規制[23]を一元化しており、人種的憎悪に関しては17条において「皮膚の色、人種、国籍（市民権を含む）または種族的もしくは民族的出身によって定義される人々の集団に対する憎悪」[24]と定義している。また、罪となる表現形態についてはそれぞれの条文でもって規定しており、これまで人種的憎悪扇動罪として位置づけられてきたものは「言説もしくは振る舞いの行使または文書（written material）の掲示」と題された18条1項において規定されており、個人の住居内でなされ、かつ当該または他の住居内にいる人以外の

他人が見聞きしていない場合を除き、公的または私的な場所 (18条2項) におい
て、(a) 人種的憎悪を扇動することを意図して、または (b) すべての状況を考
慮して、人種的憎悪を扇動する蓋然性がある場合において、威嚇的、罵倒的ま
たは侮辱的言説または振る舞いを行うこと、および威嚇的、罵倒的または侮辱
的文書を掲示することを罪としている (同条1項)。ただし、人種的憎悪を扇動
する意図が立証されなかった場合であって、当該言説等が威嚇的、罵倒的また
は侮辱的であることを意図せずかつ認識していなかったときは罪とはならない
(同条5項)。このほかに、文書の出版または配布 (19条)、当該言説もしくは振
る舞いを用いた舞台演劇等の上演 (20条)、録音・録画物の配布、上映 (21条)、
ケーブル放送を含む番組放送 (22条)、展示、配布目的での所持 (23条) を処罰対
象の行為としている。刑罰については、制定当初、略式起訴により有罪とされ
た場合、6月以下の自由刑もしくは制定法上の上限以下の罰金刑またはその併
科が、正式起訴による有罪の場合、2年以下の自由刑もしくは上限の無い罰金
刑が科せられると規定されていた。しかし、その後に制定された人種および宗
教を理由とする犯行に対する加重条項の上限が7年であること等を理由とし
て、2001年の反テロリズム、犯罪および治安法40条により、正式起訴による有
罪の場合の自由刑の上限は7年以下へと引き上げられている。

　現行法である1986年法には21世紀にはいってからさらに宗教的憎悪扇動罪と
性的指向に基づく憎悪扇動罪が加えられている。

　2001年に発生した9・11米国同時多発テロ以降、反イスラム主義的傾向はイ
ギリス国内においても社会問題となった。さらに、本節冒頭で述べたように、
宗教冒瀆表現を規制するコモンロー上の神冒瀆罪はキリスト教宗教を保護対象
としており、ユダヤ教やシーク教など民族と同義に結合した宗教については人
種的憎悪扇動罪の適用対象となるものの、イスラム教や仏教など多民族で構成
される宗教はコモンロー上の保護も制定法上の保護もないという宗教間格差の
問題等が存在していた。この問題を解消し、かつ国内のイスラムフォビア問題
を解決するために1986年法の改正法である2006年の人種的および宗教的憎悪
法によって創設されたのが宗教的憎悪扇動罪だといえる。

　宗教的憎悪扇動罪は1986年法第3編に第3A編を挿入する形で設けられてい

る。同罪は「宗教的憎悪（religious hatred）」を、宗教的信条（religious belief）を持つ人々および持たない人々の集団に対する憎悪（29A条）と定義し、個人の住居内で他人が見聞きしていない場合を除き、公的および私的な場所（29B条(2)）で宗教的憎悪を扇動することを意図して、威嚇的な言葉や振る舞いを用いること、または威嚇する文書[30]を展示すること（29B条(1)）を犯罪の成立要件としている[31]。

　法案提出当初、宗教的憎悪扇動罪は人種的憎悪扇動罪と同様に、威嚇的な言説だけでなく、罵倒的・侮辱的な表現も規制対象とされていた。しかし、宗教表現を大きく制約するとして、世論を巻き込んだ大きな論争となり、罵倒的・侮辱的という文言は削除されている。さらに、宗教表現を制約するという懸念から、貴族院での修正によって、特定の宗教や信条・信仰体系等に対する議論、批判または反感、嫌悪、嘲笑、侮辱を表現することを禁止し、または制限するといった効果を与えるものではないとする、人種的憎悪扇動罪には存在しない表現の自由保護条項（29J条）が設けられている。

　さらに2008年には1986年法第3A編に性的指向に基づく憎悪扇動罪を挿入する改正法である2008年の刑事司法および移民法[32]が成立している。性的指向に基づく憎悪扇動罪については、性的少数者に対する社会のありようの変化とも大きく連動しているといえる。かつてイギリスはいわゆるソドミー法を有しており、同性愛行為を刑事処罰の対象としていた。しかし、1967年の性犯罪法[33]により私的な同性愛行為が合法化されて以降、EU法による性的少数者に対する労働差別の是正[34]や2004年に制定されたシヴィルパートナーシップ法[35]による家族関係の変化など性的指向に基づく差別が撤廃されつつある流れの中で、依然としてホモフォビア問題が顕在していた。この問題に対応するため、宗教的憎悪扇動罪を改正し、性的指向に基づく憎悪扇動等の文言を宗教的憎悪扇動罪の条文に挿入する形で創設されたのが性的指向に基づく憎悪扇動罪である。

　性的指向に基づく憎悪扇動罪制定時の議論では、同性愛を否定する宗教教義に基づいた宗教活動・宗教表現の自由と性的指向に基づく憎悪表現の規制の対立が貴族院で議論となり、性的指向に基づく憎悪扇動罪についても、「本編において、性行為または性慣習に関する疑問の否認、議論または批判、またはそ

のような行為または慣習をやめるようにまたは控えるように人に強く勧めることそれ自体を威嚇または憎悪の扇動を意図したものとしてはならない。」と定める表現の自由条項（29JA条）が挿入されている。

　イギリスにおいては、いずれの時代の扇動罪・憎悪扇動罪もその時々の社会問題に対応するために保護範囲が拡充されてきたことがうかがえる。残余として自由観念に基づくイギリスと、表現の自由が保障される我が国という違いや、刑事処罰を伴う規制と理念法という違いはあるものの、我が国とイギリスはその時の社会問題に対応するという点で共通項があり、また、規制によって得られる社会的安寧と表現の自由との対立軸も相似していると評価できるだろう。

4　イギリスで導入された属性を日本法へ加えることの検討

　我が国の現行ヘイトスピーチ関連法はイギリスと異なり、理念法にとどまっているが、川崎デモ規制事件の地裁判決に見られるように、民法上の不法行為[36]の認定基準として考慮されている。そこで、本項目では、我が国においてイギリスと同様の属性に対しヘイトスピーチ関連法の保護属性を拡張した場合を検討する。

1　イギリス型の人種に拡張する場合

　現行法であるヘイトスピーチ解消法はその保護対象を本邦外出身者に限定している。これに対して野党提出法案であり廃案となった人種差別撤廃法案では、その保護対象を人種差別撤廃条約に言う人種、すなわち、人種、皮膚の色、世系または民族的もしくは種族的出身としていた。人種差別撤廃条約にいう人種に依拠することによって、本邦外出身者に限定したことに対する批判として挙げられたアイヌ民族や琉球・沖縄[37]も保護範囲に入れることができる。しかしながら、人種差別撤廃条約1条2項は締約国が市民と市民でないものとの間に設ける区別、排除、制限または優先については、適用しないと規定しており、民族等と同一視できない国籍を理由としたヘイトスピーチについては保護

が得づらいという課題を有している。

　これに対してイギリスの現行法である1986年法17条は人種的憎悪を皮膚の色、人種、市民権を含む国籍、種族的または民族的出身に言及することによって定義される人々からなる集団として定義し、これらの属性を有する人々を法的保護の対象として掲げている。これによって、人種差別撤廃条約がいう人種からこぼれる国籍を理由とした憎悪扇動表現も規制することができるようになっており、我が国においてこれらの属性を規制対象とした場合、在日韓国朝鮮人に対する表現行為だけでなく、国会の審議において指摘されていたアイヌ民族や琉球・沖縄に対する表現行為も射程の範囲内に入りうることになる。

　他方、イギリス型の人種を規制ないし保護の対象とした場合に生じる表現の自由の保障との関係を検討すると、重大な懸念が生じうる。なぜならば、現行法の名誉毀損罪や侮辱罪、威力業務妨害罪等はいずれも被害者と加害者が特定可能であるのに対し、イギリス型の人種とした場合、被害者と実際の損害との因果関係が希薄であっても規制の対象になりうるだけでなく、ヘイトスピーチ解消法は地方自治体等に対策をとることを求めているがゆえに、表現内容を問題視し、実際の被害の発生可能性を適正に検証することなくデモの不許可等が予期されるからである。さらに、表現行為を行った場所等について、イギリス型の規制を行った場合は、たとえ住居内であっても、他人が見聞きできるような状況にあった場合は規制されうることになり、私的空間での表現行為自体が困難になる可能性もある。実際、京都朝鮮学園事件の認定と比較すると、川崎事件では原告側の財産的損害ないし精神的損害の発生可能性に触れ、説得力を有する明瞭な検討を行わずに不法行為と認定し、デモの事前差し止めを認めている。このような判断が恒常化すると、損害賠償請求を恐れてデモ行為等が行いにくくなるといった表現の萎縮効果が発生する恐れがあることは言うまでもない。また、法の下の平等の観点から法の適用を検討するに、少数者保護のために新法を制定したという事実が存在したとしても、少数派による多数派への憎悪表現もまた規制の対象となりうる。往々にして、デモ等であげられるシュプレヒコール等は耳目を集めるために過激化しやすい傾向にあることを鑑みると、人種という名の下で、広い属性を規制対象とすることは、かえって少数派

が強い批判の声を上げる機会自体をも縮減させかねないと危惧しうる。

2　イギリス型の宗教に拡大する場合

イギリスの1986年法29A条は宗教的憎悪を宗教的信条およびその欠如に言及することによって定義される人々の集団に対する憎悪と定義し、あらゆる宗教的信条および無神論もその保護対象としている。宗教的憎悪扇動罪は前述したとおり、イスラムフォビア対策を念頭に制定されたものであるが、その適用はイスラム教徒に限定されない。また、後述する性的指向に基づく憎悪扇動罪との関係においては、同性愛行為を宗教上の禁忌とする諸宗教教義に基づく宗教活動は性的指向に基づく憎悪扇動罪の規制対象となりうる側面があると同時に、これらの教義を理由に不寛容であると攻撃することでまた、宗教的憎悪扇動罪の規制対象ともなりうるという論理的矛盾を有した状態となっている。これらの懸念から、宗教的憎悪扇動罪においては威嚇的な表現行為のみが規制対象とされ、罵倒的・侮辱的表現行為は規制対象とはなっておらず、また、表現の自由条項が規定されるに至っている。

これに対して、たとえば、自衛官合祀事件大法廷判決が[38]「信教の自由の保障は、何人も自己の信仰と相容れない信仰をもつ者の信仰に基づく行為に対して、それが強制や不利益の付与を伴うことにより自己の信教の自由を妨害するものでない限り寛容であることを要請している」と述べるように、我が国は長年にわたって宗教的信条に対して寛容であるように求めてきた。また、一般信者の宗教的感情の保護についても、幸福の科学週刊誌事件において最高裁は[39]「人は自己の欲しない他者の言動によって心の静穏を乱されないという利益を有し、この利益は社会生活の上において尊重されるべきもの」としつつも、「他者の言論、営業その他の社会的活動も尊重されるべきであって、これをみだりに制限すべきではないから、人は、社会生活において他者の言動により内心の静穏な感情を害され、精神的苦痛を受けることがあっても、一定の限度ではこれを甘受すべきであり、社会通念上その限度を超えて内心の静穏な感情が害され、かつ、その侵害の態様、程度が内心の静穏な感情に対する介入として社会的に許容できる限度を超える場合」に初めて法的に保護されると述べてお

り、宗教団体そのものや信仰の対象そのものに関する表現は自由な言論活動に属するものとして、一定程度の許容するよう求めている。

さらに我が国の歴史を見るに、江戸期におけるキリスト教の弾圧や明治期の神仏分離令に基づく事実上の廃仏毀釈など、度々宗教弾圧が行われてきた歴史がある。さらに警視庁がイスラム教徒を監視対象としていた事件もあったよう[40]に、宗教という属性に対する公的主体による偏向も現に存在しているといえる。しかしながら、オウム真理教によるテロ事件を経験しているがゆえに、過[41]激行動をとる新興宗教などに対する公権力による監視の重要性を看過することもできない。

このように宗教に関する表現に対して寛容さを求めることで宗教的信条の保護と表現の自由との両立を図っており、また宗教弾圧の歴史と宗教団体によるテロ行為を経験してきた我が国において、イギリス型の宗教的憎悪扇動規制を導入した場合、宗教団体やその活動に対する批判の機会を抑制しうる可能性が存在する。なぜならば、イギリスの宗教的憎悪扇動罪は規制対象となる表現を威嚇的な表現のみに限定するとともに、表現の自由条項と訴追における法務総裁の許可という訴追を抑制する仕組みが設けられているのに対し、我が国の公訴は刑事訴訟法247条により検察官が行うとされており、訴追を抑制する仕組みがイギリスと比較して欠けることから、表現者が訴追をおそれて宗教批判等を自己抑制しうるからである。ゆえに、このような事情を有する我が国において、イギリス型の宗教的信条およびその欠如でもって威嚇的な表現を規制しようとすることは、表現の自由に対する大きな制限になりうるといえよう。

3 イギリス型の性的指向に拡大する場合

イギリスの1986年法29AB条は性的指向に基づく憎悪を（同性、異性または両性に対するものであろうとも）性的指向に言及することによって定義される個人からなる集団に対する憎悪と定義し、同性愛者に対する威嚇的な憎悪扇動表現だけでなく、異性愛者・両性愛者に対する威嚇的な憎悪扇動表現をも規制対象としている。

これに対して、我が国の性的指向に基づく表現の現状を鑑みるに、イギリス

で見られたような同性愛者に対するヘイトクライムの増加を示す統計資料やイギリスで見られたような同性愛者の殺人を唱道する楽曲が音楽配信サイト上で普通に配信されているといった状況は見られない。確かに、明治期に鶏姦罪が[42]存在していた事実や東京都青年の家事件での同性愛者団体による施設利用の不[43]承認など、性的指向に基づく差別的対応が我が国でも存在していることを否定できない。しかしながら、2015年に東京都世田谷区がパートナーシップ宣誓制度を開始して以降、2020年4月現在全国47の自治体が同様の制度を導入しているように、性的少数者に対する社会の在り様は確実に変化してきているともいえる。さらに我が国の状況において提出された性的指向または性自認を理由とする差別の解消等の推進に関する法律案では性的指向等を理由とした差別の解[44]消のための措置等を内容としているが、その中にはヘイトスピーチ解消法に見られた差別的言動に関する規定は含まれてはいない。

　このようにイギリスが性的指向に基づく憎悪扇動罪を導入しなければならない立法事実が存在したのに対し、我が国には現状、イギリスのように喫緊に法的対策を行わなければならないような状況には達していないといえる。

　また、表現の自由および信教の自由の保障の観点から、性的指向に基づく憎悪扇動表現規制を検討した場合、同性愛行為を禁忌とする宗教の宗教活動の自由と性的少数者に対する差別的言動からの保護という対立問題を見逃すことはできない。我が国において、異性愛者に該当しない割合は7％に達するとの調[45]査結果がある一方で、教義上同性愛行為に対して排他性を有している宗教信者[46]数も約200万人と宗派別の割合としては小さいものの人口的には少なくはない数字を示している。このことを踏まえると、各種宗教の教典に則り同性愛行為を禁忌とする教えを強く説いた場合、それ自体が同性愛の存立余地を認めない表現となり性的指向に基づく憎悪扇動表現となりうる。さらに、表現規制を認めた場合には、逆に同性愛を禁忌とする原理主義的宗教に対する排斥土壌が醸されるだけでなく、宗教活動の自由も阻害される余地が出てくることとなり、我が国において共に少数派である宗教のいずれの保護を選択するかという択一的な課題が存在することとなる。この課題に易々とした解答を見出すことが適当でないことは言うまでもない。

5　おわりに

前述してきたように、日本のヘイトスピーチ解消法は本邦外出身者に対する排外問題解決を想定しており、少数派保護の観点から法律が定立されていると評価できる。これに対して、イギリスの憎悪扇動表現規制はその時々の社会問題を克服するために制定・改正されてきたという経緯があるものの、公共秩序法制の中に規定が設けられているように秩序維持の観点から法規制が設けられているという点で我が国のヘイトスピーチ解消法とは法の位置づけがそもそも異なっているといえる。

表現規制として日本・イギリス双方の法規制を対比し、イギリス型の憎悪扇動表現規制の導入の可否を検討するに、イギリスの憎悪扇動表現規制は直近の改正において表現の自由との調整を図るために訴追可能性を抑制するよう制定されているのに対し、我が国はイギリスが訴追可能性を抑制するために設けた仕組みを備えることが難しい状況にある。また、イギリスで見られたような憎悪扇動表現規制を導入する社会的必要性も未だ低い状況にある。このことから憎悪扇動罪の適用対象を広範なものとしつつ、他方で訴追可能性を下げることで表現の自由との調整を図ろうとするイギリス型の憎悪扇動表現規制の導入は我が国では表現の自由の保障等の観点から困難であるといえる。

他方、2020年からのCOVID-19の流行によって、疾病患者やその家族に対する排斥問題が顕在化[47]しており、ソーシャルネットワークサービス上ではCOVID-19感染者等に対する数多の流言蜚語が見られた。これまでにもハンセン病患者やその家族に対する差別が問題とされ差別対策が指摘されてきたにもかかわらず、疾病患者等に対してこのような状況になったことを鑑みると、疾病患者およびその家族に対する差別的言動について、改めて今一度検討する必要があろう。

イギリスも含め各国の憎悪扇動表現規制はその国の歴史や社会状況を受けて構築されている。このことを踏まえると今後の課題として、我が国固有の状況を踏まえた保護属性を検討する必要があるように思われる。

1）　継続審査となったのち第190回国会参議院法務委員会において否決され廃案となっている。

2）　ヘイトスピーチ解消法2条は本邦外出身者を「専ら本邦の域外にある国もしくは地域の出身である者またはその子孫であって適法に居住するもの」としており、本章の定義もこれによる。また、差別的言動については同条により、本邦外出身者に対する「差別的意識を助長しまたは誘発する目的で公然とその生命、身体、自由、名誉もしくは財産に危害を加える旨を告知しまたは本邦外出身者を著しく侮蔑するなど、本邦の域外にある国または地域の出身であることを理由として、本邦外出身者を地域社会から排除することを煽動する不当な差別的言動」を差別的言動としており、制定時の国会での議論ではヘイトスピーチが念頭に置かれている旨が法案の趣旨説明で述べられている。190回平28・4・19〈参・法務委〉8号1頁。

3）　京都地判平25・10・7判時2208号74頁、大阪高判平26・7・8判時2232号34頁、最決平26・12・9判例集未登載。

4）　前掲注（2）参議院法務委員会8号4頁、立法事実として、在日韓国朝鮮人がヘイトスピーチのターゲットになっていることが問題である旨の発言が西田昌司よりなされている。

5）　なお、部落差別については「部落差別の解消の推進に関する法律」（平成28年法律第109号）が成立し、施行されている。同法は部落差別の解消を目的とした理念法として位置づけられており、法案の審議過程においてインターネット上でなされている同和地区に関する情報が拡散されている現状を鑑み、差別が発生しないよう社会的意識を高めることを目的としていることが述べられている。（たとえば192回平28・12・1〈参・法務委〉11号25頁、若狭勝の答弁など。）しかし、ヘイトスピーチ解消法とは異なり定義規定や表現に関する規定は設けられていない。

　　　また、障害者差別については「障害を理由とする差別の解消の推進に関する法律」（平成25年法律第65号　以下「障害者差別解消法」という。）が2016年4月1日より施行されている。本法は障害者基本法第4条が定める差別の禁止原則を具体化するために、行政機関及び事業者による差別の禁止に関する具体的な規定とそれを遵守させるための措置に関する規定などが定められている。障害者差別解消法2条2号が掲げる「社会的障壁」は「障害がある者にとって日常生活又は社会生活を営む上で障壁となるような……観念その他一切のものをいう」と定めている。この点に関し、事業者については社会的障壁を除去する努力義務を課しているものの、一般私人の行為や言論を対象とするものではないことが法案の審議の山崎史郎政府参考人による答弁において確認されている（183回平25・5・29〈衆・内閣委〉15号3頁）。

6）　たとえば、190回平28・5・12〈参・法務委〉13号5頁の有田芳生の発言などがある。

7）　たとえば、平成28年4月19日の参議院法務委員会での質疑において、仁比聡平がアイヌ民族に対するヘイトスピーチに言及している。前掲注（2）参議院法務委員会第8号4頁。

8）　たとえば、190回平28・5・20〈衆・法務委〉19号26頁、逢坂誠二の質問など。

9）　前掲注（8）衆議院法務委員会第19号26頁。

10）　なお、人種差別撤廃条約以上に、幅広い憎悪の扇動の禁止を求める自由権規約への言

及は衆参両議院の審議の中では見受けられなかった。

11)　たとえば、小川敏夫の質問に対する返答として、武藤容治外務副大臣（当時）がドイツとフランスの状況について説明している。190回平28・4・26〈衆・法務委〉10号18頁。

12)　イギリスはイングランドおよびウェールズ、スコットランド、北アイルランドごとに議会が存在し、法律も異なる場合があるため、本章でのイギリスとはイングランドおよびウェールズを指すものとする。

13)　Public Order Act 1936（1 Edw 8 and 1 Geo c 6）.

14)　Patricia M. Leopold, 'Incitement to Hatred –the History of a Controversial Criminal Offence'［1977］PL 389, 391.

15)　HC Deb 16 November 1936, vol 317, col 1349.

16)　Anthony F. Dickey, 'English Law and Incitement to Racial Hatred'［1968］9（3）Race & Class 311, 317.

17)　Race Relations Act 1965.

18)　HC Deb 3 May 1965, vol 711, cols 926-927.

19)　田中英夫『英米法辞典』（東京大学出版会、1991年）77頁の Attorney General の項目によると、Barrister（法廷弁論の仕事を行う弁護士）の中から内閣が選び、その助言に基づいて国王により任命される政府の最高法律顧問の職であり、閣僚ではないが、内閣とともに交代するとされる。任務は、重要な法律問題について政府に助言を与え、求められれば刑事事件および歳入に関係ある事件などにおいて、国を代表するほか、制定法上定められている職務に従事するとされている。

20)　HL Deb 26 July 1965, vol 268, cols 1012-1013.

21)　Race Relations Act 1976.

22)　Public Order Act 1986.

23)　たとえば、Theaters Act 1968 s 5は演劇における人種的憎悪扇動を罪としていた。

24)　本条制定所は従前の規定と同様に「グレート・ブリテンにいる人々の集団」となっていたが、本文言は Anti-terrorism, Crime and Security Act 2001, s 37により削除されている。

25)　Criminal Justice Act 1982の37条により、略式起訴による罰金額の上限は5000ポンドとなっている。

26)　Crime and Disorder Act 1998, s 29（2）（b）.

27)　Anti-terrorism, Crime and Security Act 2001, s 40.

28)　HL Deb 11 December 2001 vol 629, col 1274.

29)　Racial and Religious Hatred Act 2006.

30)　1986年の公共秩序法に規定される人種的憎悪扇動罪と同様に、本法においても文書について、あらゆる象徴（sign）、可視化された表現（visible representation）が含まれると定義されている（29N条）。

31)　なお、本法では文書の展示だけでなく1986年の公共秩序法と同様に、宗教的憎悪を扇動する具象化された表現物の出版（29C条）、舞台演劇等の上演（29D条）、録音・録画物の再生・上映（29E条）、放送（29F条）、展示、配布目的での所持（29G条）についても罪となることとなっている。

32)　Criminal Justice and Immigration Act 2008の74条および附則16により1986年法第3A編は改正されている。

33)　Sexual Offences Act 1967.

34)　たとえば、2000年の雇用および職業における平等取扱いに関する一般枠組みの構築に関する指令（Council Directive 2000/78/EC of 27 November 2000 establishing a general framework for equal treatment in employment and occupation [2000] OJ L 303/16.）は加盟国に対して雇用および職業における宗教、障害、年齢、性的指向を理由とする差別に対し対策を取るよう求めており、これに応じたイギリスは雇用場面における性的指向に基づく差別を禁止した雇用平等（性的指向）規則（Employment Equality (Sexual Orientation) Regulations 2003, SI 2003/1661.）を制定している。

35)　Civil Partnership Act 2004. なお、2013年に2013年の同性婚法（Marriage (Same Sex Couples) Act 2013）が制定されたことにより、同性間においても婚姻関係を結ぶことが可能になっている。

36)　横浜地川崎支判平28・6・2判時2296号18頁。

37)　自由権規約委員会第6回定期報告に関する総括所見（https://www.mofa.go.jp/mofaj/files/000054774.pdf, last visited 02 October 2020）において、少数民族としてアイヌだけでなく、琉球・沖縄も認めるよう指摘している。

38)　最大判昭63・6・1民集42巻5号277頁。

39)　最一判平11・3・25裁判集民192号499頁。

40)　最三判平28・5・31判例集未登載。

41)　最一決平8・1・30民集50巻1号199頁。

42)　1872（明治5）年に制定された鶏姦律条例および1873（明治6）年に制定された改定律例266条により鶏姦罪が規定されていたが、1880（明治13）年制定、1882（明治15）年施行の旧刑法により廃止された。

43)　東京高判平9・9・16判タ986号206頁。

44)　第190回国会衆法第57号および第197回国会衆法第12号が提出されているが、いずれも廃案となっている。

45)　博報堂DYグループに属するLGBT総合研究所による「LGBT意識行動調査2019」の結果による。同調査では全国20歳から69歳までの個人42万8036名に対しスクリーニング調査を実施し、34万7816名の有効回答を得ており、約7％は異性愛ではないと回答している（https://www.daiko.co.jp/dwp/wp-content/uploads/2019/11/191126_Release.pdf, last visited 02 October 2020）。

46)　文部科学省令和元年度宗教統計調査「全国社寺教会等宗教団体・教師・信者数(1)系統別」におけるキリスト教系信者数は192万1484人となっている。

47)　内閣官房に設置されている新型コロナウイルス感染症対策分科会下の偏見・差別とプライバシーに関するワーキンググループ第1回資料において、様々な差別・偏見関連事案が報告されている（https://www.cas.go.jp/jp/seisaku/ful/wg_h_1.pdf, last visited 02 October 2020）。

第**8**章

信教の自由と反差別法

森口千弘

1　はじめに

　ヘイトスピーチをはじめとする差別的言動への規制は、表現の自由と対立するものとして描かれてきた。とくに、アメリカの表現の自由論からつよい影響を受けた日本では、憲法上の権利の中でも優越的地位をもつとされる表現の自由と、社会における平等の実現というやむにやまれぬ利益を守る反差別法との折り合いをどのようにつけるかが難問であるとされ、この問題の主要な争点となり続けている。もっとも、アメリカにおいて「優越的地位」という言葉は、合衆国憲法修正1条が保護する権利一般に当てはまるものとされる[1]。したがって、表現の自由のみならず結社の自由や学問の自由のような修正1条の権利一般は、その「優越的地位」ゆえに、反差別法と対立する可能性をもつ[2]。

　本章で取り上げる信教の自由もその一つである。宗教は時にヘイトスピーチの淵源となる。1990年の東京都青年の家事件[3]では、同性愛者の団体がキリスト教団体から「こいつらホモなんだぜ。ホモの集団なんだぜ。」という言葉を投げかけられた。さらに、両団体の話し合いの場ではキリスト教団体は「女と寝るように男と寝る者は、ふたりとも憎むべきことをしたので、必ず殺されなければならない」という旧約聖書レビ記の一節を引用し、「同性愛者は正しくない道を歩んでいる人々です」と発言している。これらの発言は、同性愛者に対するヘイトスピーチではあるが、同時に、信教の自由によって保護される真摯な宗教的信仰に基づくものでもある。

　ヘイトスピーチ規制をはじめとする反差別法と信教の自由との対立は、表現の自由との対立とは異なる側面をもつ。宗教、特に少数派宗教の教義は社会の常識からは理解しにくいものや、嫌悪の対象となる場合がある。我々がよく知る宗教の中にも、人権や平等理念とは相いれない教義や儀式——女性や同性愛者、特定の民族への差別、動物への虐待など——をもつものが少なくない。しかし、宗教が個人のアイデンティティにとって果たす役割の重要性から、信教の自由は、内容を問わずいかなる信仰をも保護の対象とする。「保護されない言論」は存在しても、「保護されない信仰」は存在しないのである。

　もっとも、世の中のすべての宗教に配慮してルールを作ることは不可能であるし、妥当でもない。その中で、少数派宗教の信教の自由を守る方策として、信仰と対立するルールからの逸脱を許容するよう求める場合がある。最高裁も、加持祈祷事件で「他人の生命、身体等に危害を及ぼす違法な有形力の行使」は認められないとする一方で、剣道受講拒否事件では「一般的な定めに従ったものであるとしても……裁量権の行使に当たり、当然そのこと〔信仰の自由や宗教的行為に対する制約〕に相応の考慮を払う必要」に言及している。

　したがって、信教の自由と反差別法の対立においては、信仰を理由とした反差別法からの例外的免除が認められるか否かが中心的な争点となる。実際、社会一般に適用すべき差別禁止のルールであっても、特定の宗教に適用することが望ましくない場合はあろう。その一方で、宗教教義に基づく差別を無尽蔵に認めてしまえば、反差別法は有名無実化してしまう。問題となるのは、憲法が信仰に基づく差別をどの程度許容しているのかである。

　本章では、このような対立が顕在化したアメリカのMasterpiece Cakeshop事件の分析を通じて、信教の自由と平等という日本国憲法の重要な原理をどのように調整すべきか検討したい。

2　信仰と反差別法の対立の構造

1　Masterpiece Cakeshop事件

2012年に生じたMasterpiece Cakeshop事件は、合衆国憲法修正１条の下、

伝統的にアメリカで手厚い保護を受けてきた信教の自由と、長年の差別を乗り越えて新たな人権として確立したLGBTの権利が、時として抜き差しならない対立関係に陥ることをまざまざと示す事件となった。

　この事件は、2012年にColorado州のMasterpiece Cakeshopにおいて、ゲイのカップルであるCharlie CraigとDave Mullinsが、ケーキ店から信仰を理由としてウェディングケーキの販売を拒否されたことに端を発する。ケーキ店の店主であるJack Phillipsは敬虔なキリスト教徒であり、同性愛は神の意思に背く許されざる罪だとする信仰を有しており、結婚という神聖な儀式に用いるウェディングケーキを販売することはできないと述べた。CraigとMullinsは販売拒否がColorado州反差別法(CADA)に違反する差別であるとして[6]、Colorado州公民権委員会に申立てた。委員会は、販売拒否がCADAに違反する性的志向に基づいた差別であると認定し、Phillipsに対してウェディングケーキを販売すること、社員に反差別教育を行うことなどを内容とする命令を下した。Phillipsは、①委員会の命令が彼の信仰への敵意に基づいていること、②真摯な信仰に基づいた販売拒否はCADAの規定から例外的な法義務免除を受ける権利があることから、委員会の命令が信教の自由を侵害するなどと主張して、訴訟を提起した[7]。

　このうち、本章で問題としたいのは②である。どぎつい言い方をするならば、ここで主張されているのは、信教の自由という人権を盾に、同性愛者を差別する権利である。人権に基づく差別という一見してアンビヴァレントなこの主張は、しかし文字面から見るほど荒唐無稽なものではない。後に検討するMasterpiece Cakeshop判決では、この問題の難しさが次のように言及される。

> 　この事案は、少なくとも二つの原理の適切な調和について、困難な問題を提起する。一つ目の原理とは、結婚し、あるいは結婚したいと望みながら、商品やサービスを求めると差別に直面するゲイの人たちの権利と尊厳を保護するという、州やその下部機関の権限である。二つ目の原理は、修正1条のもとで基本的な権利を行使するという、すべての人が有する権利である。

ここには、信教の自由と差別を受けない権利との対立が端的に示されている[8]。

2　信教の自由の保護枠組み

このような対立を理解するためには、アメリカの信教の自由の保護枠組みを理解する必要がある。アメリカでは長年、法義務免除や便宜的措置と呼ばれる特別な保護を宗教に提供してきた。このような保護の下では、通常人が従うべき法義務であっても、それが信仰と対立する場合には特別に法義務からの免除が認められる。一見すると宗教に対して不公正なほどの特権を与えているような法義務免除であるが、少数派宗教への平等や個人のアイデンティティにとっての宗教の重要性から正当化しうると考えられる[9]。

法義務免除の淵源は、1964年のSherbert判決[10]に求められる。この判決では、法が特定の信仰を抑圧したり不利益を与えたりするものではなかったとしても、信教の自由への制約が生じる可能性があると指摘する。宗教は多様であり、たとえ一般的・中立的な法による義務でも、それにより法義務をとるか宗教をとるかという二者択一を迫る状況が生じていれば、信教の自由に対して実質的な負担となる場合があるためである[11]。そこで判決は、宗教に実質的な負担が生じている場合には厳格な審査基準を適用し、クリアしない場合には法義務からの例外的な免除を認めるというSherbertテストを定立した。

Sherbertテストは1990年のSmith判決[12]で事実上覆されたものの、連邦議会や各州の議会で、信教の自由への手厚い保護を回復するための立法が複数なされた。その代表格が1993年に制定された宗教的自由回復法（RFRA）である。この法律では、宗教に対して実質的な負担を課してはならないこと、実質的な負担が正当化されるのは、①やむにやまれぬ政府の利益を促進し、かつ②最も制限的でない手段がとられている場合に限られることが規定された[13]。連邦法であるRFRAや各州で制定された同様の立法によって、法義務免除は法律上の権利として復活した。さらに、2000年には、宗教活動の障害となることが多い土地使用規制と被収容者への規制に焦点を絞った宗教的土地使用及び被収容者法（RLUIPA）が制定され、立法による法義務免除の保障が強化された[14]。

3　法義務免除の拡大

このように、法義務免除はアメリカの信教の自由の特徴として受容されてい

る。一方、その射程は長らく限定的であった。[15] ところが近年、連邦最高裁は法義務免除の射程を拡大する傾向にある。その結果、いくつかの事例では信教の自由と反差別法をはじめとする人権保護立法との軋轢が顕在化した。

　たとえば、宗教系学校における教員に対する差別的な解雇をめぐる事例がある。2012年のHosanna-Tabor判決[16]では、宗教法人の経営する私立学校が教員を解雇したことの適法性が争われた。教員側はこの解雇が睡眠障害を理由とするものであるとして、障害を理由とした解雇を禁ずる「障害を持つアメリカ人法（ADA）」に違反すると主張した。これに対して学校側は、彼女が宗教の授業を受け持っていたことなどを理由として、宗教団体が雇用関係法の規制にかかわらず自由に聖職者を任免できるとする「聖職者例外の法理」に基づき、ADA[17]からの法義務免除を主張した。連邦最高裁はこの判決ではじめて聖職者例外の法理を容認し、ADAに違反する差別的な理由による解雇を信教の自由の名の下に容認した。

　もっとも、聖職者例外の法理は宗教団体の自律性を保護するための例外的措置であり、非営利団体の「聖職者」の選任のみにその射程が限定される。このため、Hosanna-Tabor判決では解雇された教員を聖職者とみなしうるか否かが争点となった。全員一致の判決は、聖職者としての称号、訓練、自己認識、宗教教育への関与、教団の会衆に認められた「召命教員」という身分の有無などを総合的に考慮する判断枠組み提示したが、これは信教の自由と反差別法の適切な調整として、リベラル・保守を問わずおおむね好意的に受け止められた。

　ところが、2020年のOur Lady of Guadalupe School判決[18]では同様の事案において、聖職者としての称号、訓練、自己認識の要件を欠き、召命教員の身分を持たず、かつ宗教教育への関与の程度も低い教員についても「聖職者」とみなす判断が下された。このような「聖職者」の拡大の結果、宗教団体において「あらゆる従業員は、雇用主の宗教的信条とは全く無関係の理由で差別を受ける可能性」[19]が生ずることとなり、信教の自由と反差別法の対立が顕在化した。

　聖職者例外に加えて、法義務免除の対象を企業に拡大した事例も問題となった。2015年のHobby Lobby判決[20]では、大手チェーン店であるHobby Lobby Storeが、オーナーの信仰を理由としてオバマケアにより義務付けられた保険

金負担の義務からの免除を受けられるか否かが争われた。オバマケアの中心的立法として制定された医療保険改革法（ACA）は、雇用主に対して、女性従業員の避妊治療に対する保険適用を定めており[21]、保健福祉省食品医薬品局が指定する避妊方法の中には受精卵の着床を妨げる方法が含まれていた。信教の自由への配慮から、連邦規則集では非営利の宗教団体については保険提供の義務からの免除を認めていたものの、営利企業では対象外であった[22]。

　連邦最高裁は、Hobby Lobby Store が非公開会社かつ一族経営であり上場企業とは異なるという留保をつけたうえで、営利企業へRFRAを適用し、法義務免除の主張を容認した。営利企業への法義務免除の拡大は、企業が従業員の権利を保護するための法的義務から免れることを可能とし、さらに、Masterpiece Cakeshop 事件のような企業による公共の場での差別を、信教の自由の名の下に容認する可能性も生じさせることとなった[23]。

　聖職者例外の法理や営利企業への保護に見られるような法義務免除の射程の拡大は、誰かの信教の自由を保護することで第三者に損害を与える、「第三者のコスト」の問題を生じさせることとなった。

3　法義務免除と第三者へのコスト

1　信教の自由と第三者のコスト

　Masterpiece Cakeshop 事件はまさに、第三者のコストが問題となる事例である。この事件では、ケーキ店主の信教の自由によって、ゲイカップルが差別され、商品提供を受けられないという「コスト」が生じている。このような状況の中で、一部の論者からは、免除によって第三者が被るコストを問題視し、信教の自由を一定程度制約する必要性が指摘されている[24]。

　もっとも、法と信仰の対立が常に第三者へのコストを生じさせるわけではない。これまでアメリカで典型的な免除の例とされてきたのは一個人が自身の信仰を守るため国により課された義務を果たすことができない事例であり、第三者へのコストはこの問題の中心的な論点とはなってこなかった[25]。

　この点につき、Douglas Nejaime & Reva B. Siegel は、近年の事例では信教

の自由について「共犯性に基づく免除の主張（complicity-based claims）」が行われ、このことが第三者のコストの問題を顕在化させるようになったと指摘する。Nejaime & Siegelによれば、法義務免除が認められた従来の事例のほとんどが、信仰に基づく自分自身の行為を問題とするものであったのに対して、Hobby Lobby判決で問題となったのは、自身と信仰を共有しない第三者の行為を理由とした免除の主張である。すなわち、企業のオーナーは、自らが信じる信仰を共有しない従業員が行う行為——避妊薬を用いるというオーナーの信仰に反する行為——に加担することを拒絶し、法からの免除を求めている。ここで問題となるのは「オーナー自身の行為」ではなく、オーナーの信仰に反する「従業員の行為」であり、オーナーは従業員の行為の「共犯」となることを避けるために信教の自由に基づく法義務免除を求める。このような「共犯性に基づく免除の主張」がなされた場合、裁判所が免除を認めることで、第三者に直接的なコストを支払わせる可能性が高まることとなる[26]。

　Micah Schwartzman & Nelson Tebbe & Richard Schraggerは、法義務免除とコストの関係について、①重大なコストが発生しないもの、②社会全体に対するコストを生じさせるもの、③特定の個人に対する重大なコストを生じさせるもの、という三類型があることを指摘している[27]。

　①のような事例としては、服装規定からの法義務免除などが挙げられる。たとえばGoldman判決[28]では軍隊におけるヤムルカの着用禁止、Holt判決[29]ではイスラム教徒の受刑者に対する髭の禁止につき争われている。このような事例では第三者に対してなんらのコストも課されておらず免除を認めることが少数派宗教への平等や多元性を推進し、有益である。

　②のような事例では、第三者にコストを課すこととなるものの、特定の個人がコストを負担することはない。たとえば、刑務所でイスラム教徒の受刑者のためにハラールを提供したとする。これは、一般の受刑者に供される食事からの免除であり、ハラールを提供するためには全受刑者一律の食事を提供することと比べて多くの金銭的コストが生ずることとなる。もっとも、ハラールの提供は税金によって賄われるものであるため、ここでの「第三者」はハラールの提供を受ける受刑者を除いたすべての納税者となる。ただし、ここでは、法義

務免除によって生じる第三者のコストは社会化され、個別の納税者のコストと
して遡ることが不可能であるため、問題は少ない。

　いうまでもなく、最も問題含みなのは③である。この事例では誰かが信仰を
貫徹するために、全く関係ない特定の第三者がそのコストを支払うこととなる
ためである。たとえば聖職者例外の事例では、宗教系学校の信仰のために教員
に解雇というコストが、Hobby Lobby 判決ではオーナーの信仰のため、従業
員が一部の保険を利用できないというコストが生じている。誰かの信仰を守る
ために、特定の個人に著しい負担が課されれば、それ自体問題であろう。

　ただし、次に見るように、連邦最高裁は③に該当する場合には法義務免除の
主張を原則として否定する立場を明確にしている。

2　判例法理と第三者のコスト

　第三者へのコストの問題のリーディングケースである1982年のLee判決で[30)]
は、アーミッシュの信者である経営者が、自身の信仰を理由として従業員に対
する社会保障税の支払いを拒否した事案が争われた。ここでは、経営者が自身
の信仰を理由に第三者である従業員への法義務——社会保障税の支払い——を
拒否しており、免除を認めることが第三者のコストにつながることとなる。多
数意見を執筆したBurger判事は、アーミッシュの経営者の主張が信仰に基づ
く真摯なものであること、社会保障税の支払いがアーミッシュの信仰と対立す
るものであることは認めつつ、「州は、宗教的自由への規制がより優先的な政
府の利益を達成するために必要不可欠であることを示すことによって、これを
正当化することができる」と指摘する。そのうえで、雇用者と従業員に対して
社会保障システムへの参加を義務付けることが、システム自体の財政の観点か
ら必要不可欠であるとして、法義務免除の主張を退けた。[31)]

　この判決では正面から第三者へのコストの問題が取り上げられたわけではな
いものの、これについて示唆する次のような一節が含まれている。

　　特定の宗派の信者が自身の選択のうえで商業活動に従事しているのなら、信仰や良
　心の問題として彼が自身に課している制約を、その商業活動に従事する他者を拘束す

るような法的スキームに上書きするようなことは許されない。社会保障税からの免除を雇用者に認めてしまえば、雇用者の宗教的信仰を従業員に押し付けるものとして機能してしまう[32]。

ここでBurger判事は、雇用者の信仰に基づいた社会保障税の拒否を認めることは、従業員に雇用者の信仰を押し付けることと同義であり、法義務免除の枠組みにおいて許容されるものではないと指摘している。

　また、1985年のTony and Susan Alamo Foundation判決[33]では、宗教的な非営利財団が最低賃金などを定めた公正労働基準法からの免除が否定された。この事件でも、法義務免除に付随して生じる従業員の金銭的損害が問題となるが、この財団は賃金の代わりに食料、衣服、シェルターその他の福利を与えており、従業員のほとんどは財団の主張に同調していた。しかしながら、連邦最高裁は、次のような理由から、最低賃金の保障は、その保障を辞退する人に対しても及ばなければならないと指摘する。

　　もし「自発的」に仕事をしたと喜んで証言するような従業員への法の適用の例外が規定されたのなら、雇用者は従業員に対する優越的な交渉力を用いてそのような証言をするように強制したり、法の下の保護を放棄するように強制したりすることが可能となってしまう。……そのような例外規定は、本件で問題となっている労働者よりはるかに多くの人々に影響を与え、競合企業の賃金に、全体的な下方修正の圧力をかける可能性がある。……〔最低賃金規定からの免除は〕より多くの工場労働者が、最低賃金を受ける権利を破壊してしまう[34]。

　ここで指摘されるのも、ある種の第三者へのコストである。ここでの第三者は裁判の当事者ではなく、労働者一般であり、彼らが最低賃金を受け取る権利が侵害される可能性がコストとして指摘される。

　また、第三者にコストを課すような宗教への優遇が国教条項を侵害すると判断された事例もある。1985年のCaldor判決[35]では、すべての信仰者が自身の指定した安息日に仕事を休む完全な権利を付与するという、極めて宗教に好意的な州法の合憲性が争われた。多数意見を執筆したBurger判事によれば、このような規定により、たとえば雇用者には実質的な経済的負担が課せられ、さらに、雇用者が法を順守し安息日の確保を最優先にした結果として、代わりに働

くことを求められる他の従業員に対する重大な負担が生ずることとなる。[36)]「修正1条は……いかなる人にたいしても、自身の利益の追求のために、自身の宗教上の必要に適応するよう他人に要求する権利を与えていない[37)]」のであり、特定の宗教への優遇として機能するこの規定は国教条項に違反する。

　Caldor判決では、安息日のための休暇を絶対的な権利として保障する制度によって雇用者や他の労働者などの第三者に重大なコストが生じることが、国教条項違反の主たる理由となった。この論理を再確認したのが2005年のCutter判決である[38)]。この判決では、厳格な審査を通過しなければ受刑者の宗教行為に対するいかなる実質的負担も課してはならないとするRLUIPAの規定について、宗教への過度な優遇であり、国教条項に違反するとの主張が取り扱われた。Ginsburg判事執筆の全員一致の法廷意見は、RLUIPAは国教条項に違反しないと判断したが、その際にCaldor判決を引用している。判決は、「RLUIPAの適切な適用のために、裁判所は、求められる便宜的措置が非受益者に課すだろう負担について十分に考慮しなければならない[39)]」として第三者のコストの問題に言及したうえで、RLUIPAにはこのような非受益者へが第三者にコストを課すものではないことを合憲判断の理由としている。

　このような判例法理は基本的に現在に至るまで引き継がれている。たとえばHobby Lobby判決でも次のような判示がなされた。

　　我々の判示は限定的なものだ。……この判決は反対意見が言うように、企業が〔信仰に基づいて〕「他人に不利益を与え」たり、「一般大衆にその付けを払わせる」ことを要求したりするものではない。〔法義務免除が〕Hobby Lobby Store……によって雇われている女性に与える影響は、全くない[40)]。

　本当に雇用者に与える影響が本当に「全くない」のかはさておくとしても、連邦最高裁においては、第三者へのコストを伴う信教の自由への保護は基本的に認められないとする立場は、Hobby Lobby判決に至るまで、連邦最高裁から一貫して支持されてきたものといえる。

4　信仰と差別

1　尊厳にかかわるコスト

　このような前提をもとに、Masterpiece Cakeshop事件での信仰と反差別法の対立の問題を検討したい。第一に取り組むべきは、この事件で問題となる第三者のコストとは何か、という問題である。先例と大きく異なり、この事例では物質的なコストが問題となっていない。これまでの判例で問題となったコストは、法的地位にかかわる問題や、社会保障税や保険料の支払い拒否に起因する経済的損害である。ところが、Masterpiece Cakeshop判決ではゲイカップルはそのような不利益を被ってはいない。販売拒否は経済的な不利益を生じさせるものではないし、ウェディングケーキは他の店で購入することも可能である。

　Nejaime & Siegelによれば、Masterpiece Cakeshop事件で問題となるコストは物的なものではなく、尊厳にかかわるコストである。サービスや商品の購入を拒否されたり、同性愛や同性婚について不道徳だと考えているという事実を告げられることは、それ自体、同性愛者の尊厳に害（harm）を及ぼすと考えられる。さらに、裁判所がそのような行為を信教の自由に基づいて正当化することで、同性愛者への社会的なスティグマは固定化される。NeJaime & Siegelによれば、社会のあらゆる場面で同性愛を否定する「信仰」は問題となりうるのであり、信教の自由は性的規範に対する広範な社会的対立において極めて重要な役割を果たすこととなる。そのような中で裁判所が免除の主張を認め信仰を優先すれば、信教の自由は単なる個人的な問題を越えて、同性愛者の尊厳を損なうような社会的な変質を生じさせる効果をもつこととなるという。[41]

　法義務免除によって差別を容認することで、同性愛者に対する差別が社会に伝播し、裁判所が意図せず差別的価値観を支援することになるというNeJaime & Siegelの指摘は一定の説得力をもつ。ただし、このような理由で宗教的自由にもとづく法義務免除を否定することができるか否かはまた別の問題である。

　たとえば、Masterpiece Cakeshop判決においてPhillips側は「尊厳にかかわる害を避ける利益というものは、Phlillpsの修正１条のもとの利益を……覆す

ものではない」[42]と主張している。尊厳にかかわるコストが存在するとしても、それがPhlillpsの宗教行為の自由を否定するほどの強さをもつわけではない、という主張である。このような主張は一笑に付すべき類のものではない。宗教条項についての最も著名な研究者の一人であるDouglas Laycockは、LGBTが不道徳であることを理由とするサービスや商品の販売拒否が尊厳にかかわるコストを生むことは認めながらも、そのようなコストは修正1条のもと保障された権利を覆すものではないと指摘している。

　Laycockは次のように指摘する。尊厳にかかわるコストを防ぐ利益は、他者の権利——つまり信仰に基づいた差別をする権利——への制約を許容するような「やむにやまれぬ利益」とはなりえない。確かに、人種差別の場合などで尊厳を理由として政府のやむにやまれぬ利益が認められた事例はあるが、同時に尊厳にかかわる害悪がしばしば誇張される場合があることも留意されるべきである。アフリカ系アメリカ人が多数派により政治的、経済的権限や世論を支配され、物的な害と尊厳にかかわる害が満ち溢れていた状況を、現在の同性愛差別をめぐる状況と同視すべきではない。アメリカの伝統は、精神的自由権の分野において、尊厳にかかわる害悪が生じてもなお、自由を保護してきたのである[43]。

　Laycockの立場は、信仰と反差別法の対立に際して、信仰の側を重視する立場である。このような立場は反同性愛的な運動やイデオロギーと結びつくものではない。むしろ、アメリカの精神的自由権にかかわる長い判例法理の中で勝ち取られてきた、リベラル派が擁護する自由の原理原則に忠実な立場だといえる。ただし、彼が「修正1条の伝統」を示すために引用するいくつかの判決[44]は、必ずしも多くの学者から一致して支持されてきたものではない。そもそもHobby Lobby判決以前の「修正1条の伝統」は商業主体に対して法義務免除を認めてこなかったのであり、商業主体であるケーキ店が、第三者の尊厳にかかわるコストの存在にもかかわらず法義務免除を認められるか否かは、「修正1条の伝統」からは必ずしも明らかにはならないようにも思われる。

2　Masterpoece Cakeshop判決と尊厳にかかわるコスト

では、Masterpiece Cakeshop判決は第三者のコストの問題にどのようなアプローチをとっているのか。

そもそも、判決がこの問題について言及しているか、それ自体が問題である。前述のように、判決はPhillipsへの敵意の観点から公民権委員会の決定は違憲であると判断しており、法義務免除の問題はいわば傍論に位置づけられる。

LGBTの権利に好意的なある論者は、連邦最高裁の判決がColorado州公民権委員会の審議プロセスの瑕疵という事案の特殊性に依拠したものであり、「連邦最高裁は、公衆に開かれた商業主体が差別を正当化するために修正1条を頼ることができるのか、という疑問に対して、正面からは判断を下さなかった[45]」として、Masterpiece Cakeshop判決は信教の自由と反差別法の対立を棚上げにした射程の狭い判決であると説明する。

ところが、別の論者は、このような見方が「極めて重大な判示となりうる、判決のある側面を見落とし」たものであると指摘する[46]。むしろ、Masterpiece Cakeshop判決で連邦最高裁は、法義務免除によって生じる第三者の損害、中でも尊厳にかかわるコストに関して重要な原理を定立しているという。

このような原理は、Phillipsが主張した以下の二点についての裁判所の応答から明らかであるとされる。Phillips側は、①尊厳にかかわるコストは修正1条の権利を覆すほどのやむにやまれぬ利益とはいえない、②LGBTに対する差別と人種差別とは異なるのであり、「最高裁はPhillipsに好意的に、かつ人種差別主義者のパン屋に否定的な判断を下しうる[47]」と主張した。

Phillipsの主張に対して判決は次のように同性愛者の権利と、同性愛に反対する権利について分析する。

（a）：我々の社会は、ゲイの人たちやゲイカップルが社会の除け者として扱われたり、尊厳と価値において下劣なものとして扱われたりすることは許されないという認識をもつに至っている。このような理由から、法や憲法は彼らの市民権の行使を保護することができるし、時には保護する義務を負う。ゲイの人々がもつ自由の行使は、他の人権にするのと同じように、裁判所から重視され、尊重されなければならない[48]。
（b）：同時に、ゲイの結婚に対する宗教的、哲学的な反対も保護される見解であり、

時には保護された表現となる。[49]

ただし、（b）の限界について次のように述べる。

（c）：にもかかわらず……中立的で一般的な公共の場を規律する法の下では、そのような同性婚への反対は、ビジネスのオーナーやその他の経済的、社会的主体が、保護された人々の商品やサービスへの平等なアクセスを拒否することを許すものではない。Newman判決を参照……〔同性愛者の〕結婚式が行われる際、道徳的ないし宗教的理由でゲイの結婚に反対する聖職者が式典でのパフォーマンスを強制されれば、自由な宗教活動の権利を否定されるであろうことは想像に難くない。このような拒否は、信教の自由にかかわる我々の憲法秩序においてよく理解できるし、ゲイの人々にとっても、自分たちの尊厳や価値についての深刻な侮蔑を感じることなく認め、受け入れるこのできる宗教行為といえる。けれども、このような例外が無限定に認められれば、多くの人がゲイの人たちに結婚や結婚式にかかわる商品やサービスを提供することを拒み、その結果として、商品、サービス、公共の場への平等なアクセスを保障してきた市民権法の歴史や変遷と矛盾する全社会的なスティグマが生ずることとなる。[50]

　これらの言及は全体として、①の問題についての連邦最高裁の回答とみなすことができよう。（a）では反差別法が保護する同性愛者の尊厳にかかわる権利について、（b）では信教の自由に基づいた同性愛に反対する権利について言及される。（c）では、その二つの権利が対立することを踏まえたうえで、明示的に、商業主体が商品販売やサービスを拒否する権利を否定している。このような判示からは、連邦最高裁が尊厳にかかわるコストの問題を認識したうえで、法義務免除がこのようなコストを課す場合——すなわち信仰と反差別法が対立した場合——に、反差別法の適用を支持するものと解することができる。[51]

　一方、②の問題について、判決は紙幅を割いていない。ただし、幾人かの論者は、（c）でNewman判決を引用している点に着目する。[52]この判決は、レストランにおける人種差別の禁止はやむにやまれぬ利益であるとして、法義務免除の主張を極めて強い言葉で退けた事例である。明示的な言及ではないものの、このことは人種差別と性的指向への差別を区別するしようとする主張への応答とみることができる。すなわち、判決は「性的志向の問題を〔人種差別と同様の〕反差別の枠組みに組み込み、公共の場における〔差別禁止〕法の重要

性を肯定」することで②の主張を否定したとみることができるのである。[53]

3　Masterpiece Cakeshop判決の意義

このような示唆から、直ちに連邦最高裁が信仰と反差別法の対立に際しては反差別法を優先するとの結論を出したと考えるのは、楽観的かもしれない。上記のような言及にもかかわらず、Masterpiece Cakeshop判決では宗教への敵意理由として、差別是正命令が無効とされている。

それでもなお、Masterpiece Cakeshop判決から反差別法ないし同性愛者の権利に親和的な三つの指針を見出すことができる。第一に、この判決は宗教に基づく反差別法からの免除の主張について、反差別法側を優先させるための指針となりうる。第二に、連邦、州、市町村が新たな反差別法を起草する際に一定の指針を示している。すなわち、宗教への配慮を行うにしても、商品等への平等なアクセスを確保する市民権諸法に違反するような法義務免除まで認める必要はないことを明らかにしている。第三に、第三者にコストを課すような法義務免除を商業主体に与える必要はないという指針を示している。[54]

これら三つの指針は、今後の同種の訴訟にとって大きな意味をもつこととなる。というのも、信仰に基づいて同性愛者への商品販売やサービス提供を拒否する権利を否定した部分には、2021年1月現在の連邦最高裁の構成員のうち、リベラル派の3名（Breyer、Kagan、Sotomayor）に加え、保守派の2名（Roberts、Alito）も賛同しているためである。新たな構成員の変化が生じない限り、少なくとも営利企業が信教の自由に基づいて差別を行う権利が認められる公算は低い。

この意味で、Masterpiece Cakeshop判決は、「〔信教の自由のために〕第三者に対して……コストを負担するよう求めるのは、法的にも道徳的にも認められるものではない」という判例法理の原則を維持し、さらにこの原則が尊厳にかかわるコストにも妥当することを明らかにしたものといえるだろう。[55]

5　おわりに

　本章では信仰と反差別法の対立について検討してきた。アメリカで長年、宗教的自由の保護枠組みの一つであった法義務免除の法理は、それが拡大していくにつれて、自身の行為のみならず、自身の信仰と一致しない他者の行為にかかわることを拒否する「共犯性に基づく免除の主張」を生じさせるようになった。その結果、信教の自由を保障することで第三者に物的、あるいは尊厳にかかわる重大なコストを生じさせうる状況を作り出した。ここでいう「第三者へのコスト」とは、一般大衆にコストを課すような場合と、特定の個人にコストを課すような場合に区別されるが、連邦最高裁は後者について原則として法義務免除を認めないという立場を維持してきている。Masterpiece Cakeshop 判決は正面からこの問題に取り組んだものではない。しかし、連邦最高裁は信教の自由の重要性に言及する一方で、ケーキ店に反差別法からの免除を認めることがゲイカップルの尊厳にかかわるコストを生じさせること、そのようなコストが生じる場合には信教の自由よりも反差別法を優先させることを示唆している。

　信仰と差別の抜き差しならぬ対立は、これまで日本では大きな問題となってこなかった。これは、反差別法の整備が道半ばである日本において、そのような対立が顕在化することがなかったためと考えられる。もっとも、冒頭に挙げた東京都青年の家事件のように、対立の契機となるような事件は生じているし、川崎市で制定された条例のように、刑事罰を伴うヘイトスピーチ規制が拡大していけば、信教の自由と反差別法の対立が顕在化する可能性もある。

　実際、数少ない日本の反差別法である男女雇用機会均等法の運用にあたって、厚生労働省は、宗教上の理由で一方の性のみを採用する例外を認める指針を設けている。指針では、性別に基づいた雇用差別禁止の例外として、巫女や司祭など特定の性別のみが想定される役職については均等法の義務から免れうるとされる。これは、宗教と差別禁止の対立を踏まえて、宗教団体に一定の法義務免除を認める運用ということができるだろう。このような運用は、宗教上

の必要性に応じて厳格に行われている限りにおいては、信教の自由に対する適切な配慮とみなすことができる。その一方で、信教の自由への配慮が拡大することで、差別に起因するスティグマ化が生ずることは避ける必要がある。信教の自由と平等という二つの原理の調整が課題となろう。

　本章の検討からは、信教の自由と反差別法の対立について包括的な答えを導き出すことは難しい。とはいえ、この問題に取り組むための一定の指針を示すことはできる。すなわち、信教の自由などの人権に基づく差別を憲法が許容しているとしても、それが正当化されるのは第三者へのコストを生じさせないような場合に限られる。ここでいう「コスト」には、経済的不利益などの物質的なコストの他、商品やサービス提供の拒否などで生じる尊厳にかかわるコストも含まれる。したがって、典型的には企業における商品やサービスの提供のように、公の場において第三者にコストを強いるような形で信教の自由を援用することは許されないだろう。他者にコストを課してまで自身の差別的信条を貫く自由を日本国憲法が認めているとは考え難い。

1）　この点については阪口正二郎「表現の自由はなぜ大切か──表現の自由の「優越的地位」を考える」阪口正二郎＝毛利透＝愛敬浩二編『なぜ表現の自由か──理論的視座と現況への問い』（法律文化社、2017年）、3頁、8-9頁を参照。

2）　日本でも、外国人や性同一障害者などへの入会権を制限するゴルフ場が、結社の自由を理由として差別の正当化を試みた事例につき、裁判例がある。結社の自由を優先させ外国人差別を適法とした事例として東京高判平14・1・23判時1773号34頁。逆に性同一障害者への差別を違法とした事例として東京高判平27・7・1（TKC25540642）。

3）　この事件については風間孝＝河口和也『同性愛と異性愛』（岩波新書、2010年）38-50頁を参考にした。

4）　最大判昭38・5・15刑集17巻4号302頁。

5）　最二判平8・3・8民集50巻3号469頁。〔　〕内は筆者。

6）　CADA は「直接的、間接的を問わず……性的志向……を理由として、公共の場において商品、サービス、施設、特典、利便、便宜の充分で平等な享受を拒否し、抑制することは、差別行為であり、違法である」と規定していた。Colo. Rev. Stat. § 24-34-601(2)(a)(2017).

7）　①については、拙稿「宗教への敵意──Smith テストと Masterpiece Cakeshop 判決」同志社法学72巻4号（2020年）607頁を参照。なお、Phillips は表現の自由に基づく主張も行っているが、本章では割愛する。

8）　Masterpiece Cakeshop v. Colorado Civil Rights Commission, 584 U.S. ___, 138 S.Ct.

1719 (2018), at 1723.

9）　この点については、拙稿「良心・信仰への間接的な制約と保護」浅倉むつ子＝西原博史編『平等権と社会的排除』（成文堂、2017年）、同「思想・良心の自由に基づく法義務免除」憲法理論研究会編『岐路に立つ立憲主義』155頁（敬文堂、2018年）を参照。

10)　Sherbert v. Verner, 374 U.S. 398 (1963).

11)　たとえば「高校で武道を必修とする」というルールは大多数の人にとって容易に従うことができる一方、エホバの証人のような宗教には実質的な負担を課すものとなる。

12)　Employment Division v. Smith, 494 U.S. 872 (1990).

13)　42 USC§2000bb-1. なお、連邦最高裁はRFRAを州に適用される限りで違憲としたものの、その後各州でRFRAと同様の立法がなされている。See, City of Boerne v. Flores, 521 U.S. 507 (1997).

14)　RFRAやRLUIPAなどの立法による法義務免除については、修正1条によって保障される信教の自由とは無関係とする説もあるが、本章では憲法に基づく法義務免除と法律に基づく法義務免除を一体のものとして取り扱う有力説を前提とする。

15)　Sherbertテストのもとでは、連邦最高裁が法義務免除を認めたのは失業保険給付要件と就学義務にかかわる事例でのみであり、極めて射程の狭い法理とみなされていた。

16)　Hosanna-Tabor Evangelical Lutheran Church and School v. Equal Employment Opportunity Commission, 565 U.S. 171 (2012).

17)　聖職者例外の法理について詳細に検討したものとして、福嶋敏明「雇用差別禁止法と宗教団体の自由」神戸学院法学38巻2号（2008年）49頁、同「『聖職者例外』法理とアメリカ連邦最高裁(1)(2)」神戸学院法学42巻3・4号（2013年）1115頁、同43巻3号（2014年）821頁、山口智「宗教団体と雇用差別禁止法(1)(2)」神戸市外国語大学外国語研究80巻（2011年）37頁、神戸外大論叢63巻（2013年）1頁。

18)　Our Lady of Guadalupe School v. Morrissey-Berru, 140 S.Ct. 2049 (2020).

19)　Ibid., at 2082 (Sotomayor, dissenting). 聖職者例外の法理の下では、解雇の理由が宗教的か否かを問わないため、宗教団体は聖職者を世俗的な理由で自由に解雇できるようになる。

20)　Burwell v. Hobby Lobby, 573 U.S. 682 (2014).

21)　42 U.S.C. § 300gg-13(a)(4).

22)　45 CFR § 147.131(b). この部分はHobby Lobby判決後に削除された。

23)　近年、表現の自由や信教の自由により少数派保護立法の違憲性や差別する権利を主張する「修正1条の武器化」と呼ぶべき現象が見られる。とくに信教の自由と関連して、Elizabeth Sepper, Free Exercise Lochnerism, 115 Colum. L. Rev. 1453 (2015). 邦語文献として福嶋敏明「アメリカにおける憲法裁判の現在」憲法理論研究会編『憲法の可能性』（敬文堂、2019年）21頁。

24)　これらの理論は第三者に損害／危害 (harm) や負担 (burden) を与えるような法義務免除を制限しようと試みるものである。この問題につき、本章ではすべてまとめて「第三者へのコスト」の問題と呼称する。邦語文献として太田信「一般的法義務の免除とThird-Party Harm」比較法雑誌53巻4号（2020年）。

25)　たとえばSherbert判決では、免除によって「他のいかなる人の宗教的自由も侵害され

ない」(at 409) との言及があるし、アーミッシュの信者に対して親が子どもを就学させる義務からの免除を認めた Yoder 判決 (Wisconsin v. Jonas Yoder, 406 U.S. 205 (1972)) においても免除を認めることが「子どもの精神的、身体的健康や、公共の安全、平穏、秩序、福祉を害するものではない」(at 230) とされている。

26) Douglas Nejaime & Reva B. Siegel, Conscience Wars: Complicity-Based Conscience Claims in Religion and Politics, 124 Yale L.J. 2516 (2015), at 2522-2533.
27) Micah Schwartzman & Nelson Tebbe & Richard Schragger, The Cost of Conscience, 106 Ky. L.J. 781 (2018), at 798-805.
28) Goldman v. Weinberger, 475 U.S. 503 (1986).
29) Holt v. Hobbs, 574 U.S. 352 (2014).
30) United States v. Lee, 455 U.S. 252 (1982).
31) *Ibid.*, at 257-258.
32) *Ibid.*, at 261.
33) Tony and Susan Alamo Foundation v. Secretary of Labor, 471 U.S. 290 (1985).
34) *Ibid.*, at 601.
35) Estate of Thornton v. Caldor, Inc., 472 U.S. 703 (1985).
36) *Ibid.*, at 708-709.
37) *Ibid.*, at 710. (quoting Otten v. Baltimore & Ohio R. Co., 205 F.2d 58, 61 (2d Cir. 1953)).
38) Cutter v. Wilkinson, 544 U.S. 709 (2005).
39) *Ibid.*, at 720.
40) Burwell v. Hobby Lobby Stores, at 692-693.
41) NeJaime & Siegel, *supra* note 26, at 2577-2578.
42) Brief for Petitioners at 52, Masterpiece Cakeshop, Ltd. v. Colorado Civil Rights Commission, 138 S. Ct. 1719 (2018) (No. 16-111), 2017 WL 3913762.
43) Douglas Laycock, Religious Liberty for Politically Active Minority Groups: A Response to NeJaime and Siegel, 125 YALE L.J. F. 369 (2016), at 376-378.
44) 彼が引用する一例として、Boy Scouts v. Dale, 530 U.S. 640 (2000)。
45) David Cole, This Takes the Cake, N.Y. REV. BOOKS, July 19, 2018 (https://www.nybooks.com/articles/2018/07/19/civil-rights-this-takes-the-cake/)(最終閲覧日2020年2月29日)。
46) Lawrence G. Sager & Nelson Tebbe, The Reality Principle, 34 Constitutional Commentary 171 (2019), at 171.
47) Amicus Curiae Brief of Ryan T. Anderson, Ph.D., and African-American & Civil Rights Lead-ers in Support of Petitioners at 22, Masterpiece Cakeshop, 138 S. Ct. 1719 (No. 16-111), 2017 WL 4004529, at *22.
48) Masterpiece Cakeshop v. Colorado Civil Rights Commission, at 1727.
49) *Ibid.*
50) *Ibid.* 下線は執筆者。
51) Sager & Tebbe, *supra* note 46, at 175.

52)　Newman v. Piggie Park Enterprises, Inc., 390 U.S. 400 (1968).
53)　Douglas NeJaime & Reva Siegel, Religious Exemptions and Antidiscrimination Law in Masterpiece Cakeshop, 128 Yale L.J. 201 (2018), at 204.
54)　*Ibid.*, at 221-224.
55)　Schwartzmani & Tebbe & Schragger, *supra* note 27, at 812.

＊本章はJSPS科研費JP19K13513の成果である。

第9章

ヘイトスピーチと尊厳

玉蟲由樹

1 はじめに

「ヘイトスピーチは人の尊厳を傷つけるものである」。

ヘイトスピーチによって生じる危害を人の尊厳に対する危害として捉える言説（以下では、「尊厳侵害言説」とする）は、日本の議論状況においてもとりわけヘイトスピーチ規制に積極的な立場に多く見られる。[1]かかる言説の根拠には、ヘイトスピーチが一定の属性を有する集団に属する人々を「二級市民」や「人間以下の存在」と蔑み、このため、本来あらゆる人に平等に保障されるべき社会的地位を否定することを本質的特徴としているという認識があるようである。

日本国憲法自体は「人の尊厳」を条文において明示しないが、13条が定める「個人としての尊重」や24条が定める「個人の尊厳」などが人の尊厳と概念上のつながりをもつことはこれまでも指摘されてきた。なかでも、ドイツ憲法学における「人間の尊厳」に関する議論を参照しながら、13条の「個人としての尊重」が「人間の尊厳」を前提とする概念であるとする見解は有力に主張される。[2]その意味では、ドイツにおいて憲法上の「最高価値」とされる「人間の尊厳」の理解は、日本国憲法の解釈論にとっても重要な示唆をもつ。

このことを前提とするならば、尊厳侵害言説は、憲法解釈上、かなり強力な効果を発揮する。というのも、たとえヘイトスピーチが表現の自由による保護を受けると解したとしても、このことは尊厳との対抗関係においては意味をもたなくなる可能性があるからである。とりわけ人間の尊厳を絶対的に保障され

たものと解するドイツの通説的見解に依拠するならば、表現の自由の行使で³⁾あっても人間の尊厳を侵害することは許されず、当然にそのような表現行為は制約されることになる。したがって、ヘイトスピーチ規制が現に行われている状況では、少なくとも人間の尊厳に対する危害を除去するために必要な限度での規制が憲法上当然に正当化されるし、また、ヘイトスピーチ規制が行われていなかったり、あるいは行われていても不十分であるような状況では、かかる規制の不在や不足が人間の尊厳を危険にさらしていると評価されうる。

　日本におけるヘイトスピーチ規制の状況は、後者の規制の不在ないし不足という状況にあるといってよい。それゆえ、尊厳侵害言説の狙いは、ヘイトスピーチ規制をより積極的に推進するための憲法上の根拠づけという意味を強くもつものだろう。そこで、本章では尊厳侵害言説が成立するのか、するとしてその効果はいかなるものであるのかを、主にドイツの議論に拠りながら検討する。

2　Jeremy Waldronによる議論

　尊厳侵害言説が広く用いられるようになった理由の一つに、アメリカ憲法学においてJeremy Waldronが同様の主張を展開していることが挙げられる。Waldronは、『ヘイト・スピーチという危害』において、ヘイトスピーチが人⁴⁾の尊厳を害することを検証しようとしている。日本での尊厳侵害言説もここから多くの影響を受けていると考えられるため、以下では、同書を手がかりに、Waldronの議論を本章に必要な限りで要約する。⁵⁾

　Waldronによれば、ヘイトスピーチの問題性は2つの面から記述できるという。第一に、エスニシティ、人種、外見、宗教などの多様な社会においては、各々の集団の構成員が「他人による敵意、暴力、差別、あるいは排除に直面する必要はないという安心」の下で生活できるという「安全さの感覚」という公共財が存在するが、ヘイトスピーチはこうした公共財を傷つける。そして、第⁶⁾二に、こうした安心は過去において社会における憎悪の対象となった経験をもつマイノリティにもしっかりとした立場をもつ社会の成員としての地位を確約

するが、ヘイトスピーチはその標的となった人々からこのような「基本的な社会的地位」を奪ってしまう[7]。Waldronは、「しっかりとした立場をもつ社会の成員として取り扱われる」基本的な社会的地位を「尊厳（dignity）」と呼ぶ[8]。そして、「平等な立場の規範的基礎を直接的に攻撃し、集団の成員を彼らの属性的特徴を人間以下のものにおとしめ、彼らを虫けらや動物として描き出す悪意に満ちた特徴づけによってののしる[9]」ものであるヘイトスピーチは、「尊厳を傷つけるために計算されている[10]」とされる。

　基本的な社会的地位としての「尊厳」は「その地位にふさわしい承認と取扱いに対する要求を生み出す[11]」ものであり、「社会と法律によって確立され、支持され、維持され、守らなければならない[12]」。ヨーロッパ諸国に存在する集団に対する名誉毀損に関する法律は、「市民として、あるいは社会の正規の成員としての各人の地位、尊厳、そして評判の基本的な要素に関する共通の理解を、攻撃から、それもとりわけ、特定の社会集団の特徴に基づく攻撃から擁護することによって、公共の秩序を守るために制定されている[13]」。

　このため「尊厳こそヘイト・スピーチが攻撃するものであり、ヘイト・スピーチを抑制する法律が保護することを狙いとするものである[14]」。ヘイトスピーチの標的とされた人々は、社会における基本的な地位である「尊厳」を否定され、それによってもはや「安心」をも享受できなくなる[15]。このような危険を伴った社会は、もはや「秩序ある社会」ではありえない[16]。それゆえ、「安心」の保全のためには、尊厳をかかる攻撃から「保護」する必要があるのである[17]。

　以上のWaldronの議論においては、ヘイトスピーチと尊厳の毀損、そして安心という公共財の毀損が等式で結ばれ、このことから秩序ある社会の自己表現である安心を保全するためには尊厳に対する保護が必要となる場合があることが示される。Waldronは、合衆国憲法修正１条のもとではヘイトスピーチであれ言論の自由による保護を受け、表現内容規制であるヘイトスピーチ規制は許容されないとするアメリカ憲法理論の「正統派」の態度（「私はあなたの言うことを憎むが、あなたがそれを言う権利は死んでも守る[18]」）に対抗して、ヘイトスピーチ規制が表現内容規制であることを正面から認めつつ、同時に規制を正当化するのもその内容であるという[19]。ヘイトスピーチは、標的となった人々の尊厳を

貶め、安心という公共財の供給をも不可能にする内容をもつがゆえに規制され
なければならないのである。

　Waldronのいう「尊厳（dignity）」がドイツにおける「尊厳（Würde）」に由来す
る概念であることは明らかである。それゆえ、尊厳侵害言説の当否を論じる上
では、ドイツにおける人間の尊厳論を参照する必要があるだろう。アメリカや
日本と異なり、「人間の尊厳」を憲法上明文で保障するドイツでは、憲法上の
人間の尊厳の規範的意味をめぐる議論の蓄積がある。以下では、ドイツの人間
の尊厳論に焦点を当て、ヘイトスピーチと尊厳との関係を論じる。

3　ドイツにおける人間の尊厳論の一般的特徴

1　人間の尊厳論と「客体定式」

　ドイツ基本法（以下、「基本法」とする）1条1項は「人間の尊厳は不可侵であ
る」と定める。人間の尊厳条項が基本権の章の冒頭に掲げられていることか
ら、人間の尊厳はあらゆる基本権の根拠となる客観的な原理として理解される
ことが多い[20]。また、人間の尊厳がいかなる場合に侵害されるかについては、い
わゆる「客体定式（Objektformel）[21]」の下で、国家の行為によって「具体的な人間
が客体、単なる手段、代替可能な単位へと貶められる場合に、人間の尊厳は傷
つけられる[22]」と説明される。客体定式は連邦憲法裁判所の判例でも採用され、
基本法1条1項の保護領域と、同規定によって禁止される人の尊厳に反する行
いが判例の蓄積によって明らかにされてきた。それをまとめると、次のような
整理となる[23]。

　第一に、人間の尊厳の保護領域には、人間の主体性、とりわけ身体的・精神
的アイデンティティおよびインテグリティが含まれる。この意味での人間の尊
厳は、とりわけ拷問、自白剤もしくは催眠術を用いた意思の〔強制的〕告白、
研究目的および強制目的での秘密裏のまたは強制的な医療操作、人の内面の破
壊によって侵害される。

　第二に、人間の尊厳は、人の原理的な法的平等をも意味する。かかる平等
は、とりわけ奴隷制、農奴制、人身売買、または他の制度的な差別的取扱い、

辱めおよび貶めによって侵害される。

第三に、人間の尊厳からは最低限の生活の保障が要求される。この要求は、自己の需要の最低限度を自ら満たす可能性を不当に閉ざすこと、あるいは必要な物質的・文化的リソースの提供を拒否することによって侵害される。

2　人の原理的な法的平等

人間の尊厳の内容理解のうち、ヘイトスピーチとの関係において重要なのは、侵害態様としての「辱めおよび貶め」を禁じる第二の内容であろう。ヘイトスピーチがこうした人の原理的な法的平等を損なう「辱めおよび貶め」であるとすれば、ヘイトスピーチを人間の尊厳を害するものと見ることもできる。

人間の尊厳が人の原理的な法的平等をその内容とすることは、学説・判例が共通して認めるところである[24]。このため、人間の尊厳保障は「差異化の禁止（Differenzierungsverbot）[25]」を帰結するとされており、特定の人々に対して尊厳を認めないことや、彼らを「二級市民」として他の市民から区別することなどが禁じられることになる。人間である限りで、すべての人には共同体における同じ法的地位が保障されるというのが人間の尊厳の保障内容の一つである。

このような理解を改めて鮮明に示した判決として、2017年のNPD判決がある。NPD判決での人間の尊厳に関する説示を要約すれば、以下のようになる[26]。人間の尊厳保障はとりわけ人の本質的な法的平等の保障をも含む。人間の尊厳は平等なものであり、もっぱら人間という種に属していることに根拠をもつ。このことに出自、人種、年齢あるいは性別といったメルクマールは関係がない。個人を人格として尊重することには、法的に制度化された共同体における同じ資格をもった成員としての承認が含まれている。それゆえ、法的に低められた地位や屈辱を与えるような不平等取扱いは人間の尊厳と一致しない。

連邦憲法裁判所による人間の尊厳理解が、Waldronの尊厳理解と相似形をなすことは明らかである。人間の尊厳が人の原理的平等を意味し、「共同体における同じ資格をもった成員としての承認」を当然に含むとする理解は、両者において共有されている。前述の説示に続けて「反ユダヤ主義」のような思想が、人間の尊厳を出発点とする「自由で民主的な基本秩序」と相いれないもの

とされている[27]ことも、かつて差別や蔑視の対象となった人々に同じように人間の尊厳が認められることを当然の前提としている。ドイツの人間の尊厳とWaldronの主張する尊厳との間には、内容面での一致が見られるといってよい。

3　人間の尊厳の「保護」

ドイツの人間の尊厳とWaldronの主張する尊厳との間に内容上の一致があるとして、それでは尊厳が傷つけられるとどのような法的な効果が生じるのであろうか。尊厳侵害言説が単にヘイトスピーチの反倫理性を糾弾するために用いられているに過ぎない場合は別として、これを越えて人間の尊厳侵害という評価から何らかの法的効果を引き出そうとしている場合には、人間の尊厳保障の射程が問題となろう。とりわけ、ヘイトスピーチ「規制」との関係では、このことは尊厳の内容よりも本質的な問題であるといってよい。

基本法１条１項は、２文において「それ〔人間の尊厳〕を尊重（achten）し、保護（schutzen）することはあらゆる国家権力の義務である」と定める。すなわち、国家は人間の尊厳について「尊重」と「保護」という２つの義務づけを負っている[28]。このうち人間の尊厳を「尊重」するとは、国家権力に対して不作為ないし介入禁止を要求するものと解されている。すなわち、国家は自らの行為によって人の尊厳を侵害することが禁じられる[29]。これに対して、人間の尊厳の「保護」という要請は、国家権力に対して積極的な作為を義務づけるものとされる[30]。また、尊重要請との関係で問題となるのが国家自身の介入行為であるのに対して、保護要請において問題となるのは第三者による侵害あるいは「社会的蔑視」である[31]。保護の範囲内において、国家は、個人から人間としての尊重要請を奪ってしまうような行為を防止する義務を負う[32]。

人間の尊厳が国家に対してその尊重のみならず保護までをも要請するのは、人間の尊厳が「原理的に同じように尊厳をもった共同体の成員としての相互の承認」を前提とするものだからである[33]。人間の尊厳の根底には、人間がそれぞれ自由かつ平等なものとして相互に認め合い、そしてそれを通じて承認・連帯共同体としての国家共同体へと組織化されていく（相互）承認があるという理解からすれば、かかる承認が行われないことは承認・連帯共同体としての国家

共同体の形成を不可能にしてしまう。このため、人間の尊厳については第三者による侵害あるいは「社会的蔑視」からの保護が必要となるのである。こうして、人間の尊厳は、社会的な差別の禁止とそこからの保護要請を内包したものとして理解される。

4　尊厳保護の論理とヘイトスピーチ規制

1　ヘイトスピーチ規制にとっての尊厳保護の意義

　一般的にいえば、ヘイトスピーチ問題を憲法問題として扱うことの難しさの原因は、ヘイトスピーチが主として私的な主体によって行われるという点にあるといえよう。たとえヘイトスピーチによって害される法益を尊厳や名誉といった憲法上の法益として位置づけたとしても、これを害する主体が国家権力ではなく私的な主体であるならば、憲法における人権保障の出番はそれほど多くはない。憲法で保障される人権はあくまで個人の「対国家的な権利」であるという建前からすれば、憲法上の人権規定によって拘束されるのは国家権力のみである。この点、私的な主体によって行われるヘイトスピーチは私人間の問題であり、憲法上の人権規定は間接的に効力をもつにとどまるだろう。

　しかし、ドイツの場合、基本法1条1項は人間の尊厳の「保護」を憲法上の義務として掲げている。このことにより、ヘイトスピーチ問題も、それが人間の尊厳の内容に触れる限りにおいて、憲法問題として理解されうる。しかも、私人間における人間の尊厳侵害に対しては国家が人間の尊厳保護の義務を負うことからすれば、これはいわゆる憲法上の人権規定の間接効力の問題ではない。少なくとも連邦憲法裁判所の見解にしたがう限り、人間の尊厳の尊重要請は私人間においても人々を拘束することになる。[35]

　また、ドイツ憲法学における通説的見解によれば、人間の尊厳は基本法における最高価値であり、他の法益との衡量を受け付けない絶対的な保障を受けるとされる。したがって、ヘイトスピーチが基本法5条1項で保障される「意見表明の自由」によって保護されるとしても、[36]これによって人間の尊厳侵害が正当化されることはない。意見表明の自由といえども、人間の尊厳との衡量にお

いては常にそれに劣後することになる[37]。したがって、人間の尊厳を侵害することを理由としたヘイトスピーチ規制は、それが意見表明の自由を制約するものであったとしても、当然に正当化される。

　前述したように、Waldronの議論は、ヘイトスピーチが「尊厳」を傷つけることを前提に、尊厳をヘイトスピーチによる攻撃から「保護」する必要があるとするものである。Waldronの狙いの一つは、「尊厳」概念を持ち出すことによって、ドイツにおけるような尊厳保護の論理をも導き出すことにあったとも考えられる。表現の自由に優越する価値としての尊厳の位置づけと尊厳を保護する国家の義務というドイツにおける人間の尊厳理解は、アメリカの言論の自由優位の状況に対する反論となりうる。ヘイトスピーチは自由な言論空間のなかで対処すべき問題ではなく、むしろ国家が尊厳保護のために積極的に規制しなければならない問題であるというのがWaldronの議論の主旨であろう。

2　ドイツにおけるヘイトスピーチ問題へのアプローチ

　ここで改めて尊厳侵害言説の評価へと戻ろう。たしかにドイツにおいても、ヘイトスピーチが第三者による人間の尊厳侵害とされるのであれば、国家にはヘイトスピーチを防止する義務が生じることになる。問題は「ヘイトスピーチは人間の尊厳を傷つける」という関係が成り立つか否かである。

　ドイツでは、ヘイトスピーチの問題は集団に対する名誉毀損ないし侮辱の問題とされてきた[38]。この問題についての重要な先例となっているのが、連邦憲法裁判所による「兵士は殺人者だ」判決である。

　同判決は、「兵士は殺人者だ」との表現を刑法185条の侮辱罪に該当するとした刑事判決の憲法適合性にかかわる。このような表現はその特性上、特定の個人を侮辱するものではなく、一定の集団全体に向けられている。しかし、刑法185条所定の侮辱罪は個人的な名誉を保護法益とすると解されてきたため、集団に対する侮辱が可罰性を有するかどうかが問題となった。

　同判決で、連邦憲法裁判所は、「個人的名誉は、集団との関係を切り離して、純粋に個人という視点からのみ考察されるべきではない」と述べ、また、「集団についての侮辱的表現は、集団の構成員にとっても侮辱的効果をもつ」

ことを認める。しかし、これに続けて「はたして集団に対する侮辱的表現によって、集団に属する各人の『個人的』名誉が侵害されたのかが審査されねばならない[40]」といい、「侮辱的な表現の対象となる集団が大きければ大きいほど、個々の成員の当事者性は弱くなりうる[41]」との見立てを示した。この結果、「兵士は殺人者だ」との表現は、それが世界中のすべての兵士を対象とするものである場合には可罰性がないとされている。

　このような連邦憲法裁判所の判断は、意見表明の自由のもつ民主主義的な役割と、それと対抗する個人の名誉という法益と間での憲法上の調整を図り、集団に対する侮辱の処罰に限界を画したものであった。あくまで「個人的」名誉との関連を軸に展開する衡量は、人間の尊厳から生じる基本権が個人の権利として理解されていることとも整合する。かかる衡量は名誉保護の核心にあるとされる人間の尊厳に対する攻撃についても同様に妥当すると考えられ[42]、大集団に対する表現によって人間の尊厳が侵害されることはない[43]。

　ただし、同判決では、これには例外が存在することも示唆されていた。すなわち、「大集団に対する軽蔑的表現であっても、その成員に対する中傷が前面に出る場合がある。これはとくに、表現が民族的、人種的、身体的あるいは精神的なメルクマールと結びついており、そこからグループ全体の劣等性と、それと同時に個々の成員の劣等性が導き出されるような場合である[44]」。このような場合には、大集団に対するものであっても侮辱の効果が個人へと波及し、結果として個人的名誉（および人間の尊厳）の侵害が成立しうる。

　こうした例外的な事案としては、連邦憲法裁判所が「兵士は殺人者だ」判決よりも前に下した「アウシュビッツの嘘」決定において、ナチスによるホロコーストを否定する表現がユダヤ人の人間の尊厳に対する攻撃となると判断したことを挙げることができる。同決定で、連邦憲法裁判所が依拠したのが、「人間が…血統基準によって選別され、絶滅を目的として個人としての地位を奪われたという歴史的事実そのものが、ドイツに住むユダヤ人に、他の市民に対する特別な人的関係をもたらす。…この集団に対してすべての他者が特別な道義的責任を負っている、運命によって他と区別された人的集団の一員だと周りから思われることは、彼らの人格的な自己理解に含まれるものであり、彼ら

の尊厳の一部である[45)]」とした連邦通常裁判所判決であった。連邦憲法裁判所は、ホロコーストの否定を「今日生存するユダヤ人の尊重要請と人間の尊厳への攻撃」とみなした連邦通常裁判所判決の論証を憲法上正当だという[46)]。この決定からすれば、少なくともユダヤ人については、集団に対する侮辱が成立しうることになるし、表現がユダヤ人の尊厳を攻撃することもありうることになる。

　これらのことからは、大集団を対象とした侮辱的表現は原則として個人の名誉や尊厳を侵害するものではないが、例外的にその表現が民族的、人種的、身体的あるいは精神的なメルクマールと結びついており、そこからグループ全体や個々の成員の劣等性が導き出されるような場合には、個人の名誉や尊厳が侵害されることがあり、その典型例が歴史的事実などにより他の市民との間で特別な人的関係を生じるような「運命によって他と区別された人的集団」に向けられた侮辱表現である、というのが連邦憲法裁判所の理解だと見る余地が生じる。「アウシュビッツの嘘」決定におけるユダヤ人に対する侮辱の例が「兵士は殺人者だ」判決での例外事例を全体として説明するわけではないが、少なくとも過去に過酷な運命を強いられてきた人的集団に対する侮辱は人間の尊厳を侵害しうるとの説明にはそれなりの説得力がある。Waldronが「近い過去において同じ社会の内部の他の成員から憎悪され嫌悪された経験をもつマイノリティ」にとっての尊厳の重要性を強調し、ヘイトスピーチは「社会の脆弱な成員の尊厳に対する計算された侮辱」であると述べる[47)]際の戦略もこれに近い。

　したがって、ヘイトスピーチが「運命によって他と区別された人的集団」に向けられた侮辱表現を意味するとするのであれば、尊厳侵害言説が成立する可能性はある。そして、これが成立すれば、国家にはヘイトスピーチから個人の尊厳を保護する義務が生じ、それを実現するための立法を通じて、私人もまた個人に波及しうるようなヘイトスピーチを控える義務を負うこととなろう[48)]。

5　尊厳侵害言説の限界

1　ヘイトスピーチの射程

しかしながら、尊厳侵害言説には、憲法上の人間の尊厳保障との関係におい

て、いくつかの限界が生じるように思われる。

　第一に、ヘイトスピーチを「運命によって他と区別された人的集団」に向けられた侮辱表現、あるいは「近い過去において同じ社会の内部の他の成員から憎悪され嫌悪された経験をもつマイノリティ」に対する侮辱と理解した上で、これらの人的集団がもつ「尊厳」を特別に保護されるべきものとすることは、人間の尊厳が禁じる「差異化」に該当しないかが問題となる。

　人間の尊厳を「原理的に同じように尊厳をもった共同体の成員としての相互の承認」を本質とするものと解する場合、共同体の成員はすべて同じ尊厳をもつはずである。人間の尊厳は「もっぱら人間という種に属していることに根拠をもつ」のであって、「出自、人種、年齢あるいは性別といったメルクマールは関係がない」（NPD判決）。それゆえ、「近い過去において同じ社会の内部の他の成員から憎悪され嫌悪された経験をもつマイノリティ」も他の共同体の成員と同様に尊厳をもつというWaldronの指摘は正しい。

　しかし、ユダヤ人や「脆弱なマイノリティ」に対する侮辱的表現を、他の集団に対する侮辱的表現と区別し、前者についてはとくに規制の必要性が高いとの主張を人間の尊厳論によって根拠づけようとすることには無理があろう。特定のメルクマールによって他から区別された人的集団に固有の「尊厳」を認め、これに高い保護を要求することは、結果的にその集団と他の集団との間において尊厳の二重化ないしは多元化を生じることになる。これは人間の尊厳論が述べてきた「原理的な法的平等」や「差異化の禁止」という理解と一致しない。

　このことはヘイトスピーチの定義如何にもかかわるが、かりに尊厳侵害言説が、過去に差別的な取扱いを受けてきた人的集団に対する侮辱的表現を「とくに」規制しようとする議論へとつながるのであれば、そこには人間の尊厳論からの乖離が生じる。[49] それゆえ、集団に対する侮辱的表現が民族的、人種的、身体的あるいは精神的なメルクマールに関連して行われ、その属性を理由として人間としての同権性や同価値性を否定するような場合に、このような表現を「ヘイトスピーチ」と定義し、同時にかかる表現が人間の尊厳を侵害すると主張することは必ずしも人間の尊厳論と矛盾しないが、[50] これを越えて、特定の人定集団に固有の「尊厳」を強調し、他者にこの「尊厳」に対する特別な尊重要請

を課すことは人間の尊厳論からは導けない。

　人間の尊厳保障は、あくまで共同体のすべての成員に同じ尊厳があることを
確認し、これが等しく国家によって尊重・保護されるべきことを要求するもの
である。ここにヘイトスピーチ規制を人間の尊厳によって根拠づけることの限
界がある。第三者による攻撃から尊厳を保護する国家の義務も、他から区別さ
れた人的集団に固有の「尊厳」に対する保護を根拠づけるようなものではない。

2　憲法上の人間の尊厳と法律上の人間の尊厳

　そして、第二に、尊厳侵害言説でいわれる「人間の尊厳」が本当に憲法上の
人間の尊厳であるのかどうかも問題となりえよう。

　たしかに人間の尊厳の保護という観点では、人間の尊厳の尊重要請は対国家
的な関係を越えて、私人間へも拡張されうる。しかし、このことは理念的に私
人が他者の尊厳を尊重する義務を負うことを意味するとしても、そこからヘイ
トスピーチを控えるといった具体的な尊重義務が生じるわけではない。人間の
尊厳条項によって、第一次的に拘束されるのはやはり国家権力である。このた
め、人間の尊厳保護の義務は、国家が私人間での人間の尊厳の侵害を防止する
法秩序を形成し、そこに尊厳尊重要請を具体化することによって履行される。[51]

　もちろん、他者による攻撃が憲法上の人間の尊厳を侵害するものである限り
で、国家にはこれを防止する義務が生じるであろうし、このとき人間の尊厳は
他の法益との衡量を受けつけないものとして具体化されなければならない。し
たがって、ヘイトスピーチが憲法上の人間の尊厳を傷つけるとするならば、た
とえヘイトスピーチに意見表明の自由による保護が及んだとしても、かかる表
現は絶対的に禁止されうる。しかし、憲法上の人間の尊厳によって基礎づけら
れるものの、必ずしも人間の尊厳そのものとはいえない事柄について、私人間
においてどのような相互尊重を要求するかは立法者による民主主義的判断に委
ねられている。また、このときには人間の尊厳の絶対性という理屈は通用せ
ず、相互尊重は他の法益との衡量の下で決定されることになるだろう。

　このような人間の尊厳の拡張的具体化の例が名誉である。連邦憲法裁判所
は、政治家に対する風刺表現が問題となったシュトラウス風刺画事件におい

て、人の名誉の「核心」部分が基本法1条1項によって保護され、この部分については他の法益との衡量を否定したが[52]、このことは名誉全体が衡量を拒否することを意味しない。むしろ、名誉は基本法1条1項と結びついた2条1項により保障される一般的人格権の一つとされており、この意味での名誉は人間の尊厳という核心の周辺的な事柄も保護の対象としている。人間の尊厳という核心を越えた周辺的な部分をどこまで私人間において保護するかは、これと対立しうる意見表明の自由や芸術の自由などの他の基本権との衡量によって決せられる。

　名誉の場合と同様に、核心部分のみが憲法上の人間の尊厳によって絶対的に保障され、その周辺部分については相対的な保障のみが行われるという段階的な構造は、「尊厳」という概念についても生じている。「アウシュビッツの嘘」決定において、連邦憲法裁判所は、連邦通常裁判所がホロコーストの否定を「今日生存するユダヤ人の尊重要請と人間の尊厳への攻撃」とみなして侮辱罪の成立を認めてきたことを憲法上正当としながら、同時に、名誉侵害と意見表明の自由との間での衡量をも要請していた。つまり「たしかに明確に人間の尊厳に対する攻撃を出発点とはしているが、同時に衡量を前提としている[53]」のである。これは一見すると奇異である。かりに連邦通常裁判所がいうようにホロコーストの否定が人間の尊厳を侵害するのであれば、憲法上の衡量は排除される。一方で表現を「人間の尊厳への攻撃」としながら、他方で名誉と意見表明の自由との衡量を要求することには整合性がない。

　この矛盾を解消する一つのアプローチは、憲法上の人間の尊厳と法律上のそれとを区別することである[54]。たとえば、刑法130条で用いられる「尊厳」は、憲法上の人間の尊厳を核心とするが、それとまったく同一ではなく、私人間における尊厳の相互尊重を図るものとして立法者が導入した法律上の人間の尊厳だと考えるのがこのアプローチである。この場合、「尊厳」に対する攻撃が常に憲法上の人間の尊厳によって絶対的に禁じられるわけではなく、私人間での法益衡量に開かれた「尊厳」が法律上存在しうることになる。

　このアプローチを採用したと考えられるのが、連邦憲法裁判所が2009年に下したヴンジーデル決定である。この決定において、連邦憲法裁判所は、刑法

130条4項の適用条件が「ナチスの暴力支配・専制支配に対する賛同、賛美あるいは正当化」の表明であることについて、「このような表現が犠牲者の尊厳をも侵害するとの推定がここから導かれる場合には」憲法上異議を唱えられないと述べる。そして、それに続けて刑法130条4項の規定について「この犠牲者の尊厳の保護が基本法1条1項にもとづく人間の尊厳の保護と重なり合うものなのか、どの程度重なり合うのかは別として、憲法上の疑義はない[55]」とする。すなわち、刑法上の「尊厳」侵害の認定は、憲法上の人間の尊厳侵害とは独立して成立しうるということになるだろう。ここでの「尊厳」は、憲法上の人間の尊厳を越えた、法律上の「尊厳」である[56]。少なくとも、連邦憲法裁判所は、私人間での法益衡量に開かれた「尊厳」の存在を承認しているように見える。

　人間の尊厳保障を絶対的に介入が禁じられる「タブー領域」と他の法益との衡量を許容する「周辺的保護領域」との複合によって理解しようとする立場は、近時有力に主張されており[57]、ヴンジーデル決定での理解もそれに近い。周辺的保護領域は、ときに名誉や情報自己決定権といった基本法1条1項と結びついた2条1項で保障される一般的人格権として定式化され、あるいは「最低限度の生活の保障を求める基本権」のような新たな権利保障に根拠を与えてきた。こうした周辺的保護領域での尊厳保障は、他の法益との調整を必要とするという特徴から、主として立法による内容形成や限界設定に服することになる[58]。

　そうだとすると、ヘイトスピーチは「タブー領域」への介入となるのか、それとも法律などによって規律された「周辺的保護領域」への介入となるのかが問題となる。この点、ドイツにおける展開を見る限りで、私人間における表現空間での尊厳の尊重要請は、原則として、衡量を絶対的に受けつけないものというよりも、他の法益、とりわけ意見表明の自由との衡量を受けるものとされているように思われる。ヘイトスピーチは必ずしも憲法上の人間の尊厳を傷つけるものではなく、むしろ立法者によって設定された共同体における尊厳の相互尊重要請を傷つけるものとして理解されているのがドイツの現状であろう。

　周辺的な「尊厳」に対する保護の要請は、憲法上の人間の尊厳に対する保護の要請に比べて弱いものとならざるをえない。このため、このような「尊厳」

に対する攻撃を規制対象とするかどうか、するとしてどの範囲において、いかなる規制を行うかについては、立法者の形成の余地が広く認められる。また、この意味での「尊厳」は、意見表明行為に対する絶対的な優位をア・プリオリに認められるものではないことから、「尊厳」侵害の認定は、ヘイトスピーチの内容や「尊厳」に対する侵害の程度による重大性判断によって決せられる。[59]

6　むすびにかえて

　連邦憲法裁判所は、あらゆる基本権には人間の尊厳という核心が内在しているという前提から、私人間での基本権衝突に際して、ある者の基本権行使が他者の人間の尊厳に影響を及ぼし、それゆえに衡量が排除されるという推定が働くかどうかについて、慎重な態度をとり続けてきた[60]。このとき、連邦憲法裁判所が用いるのが、「〔このような推定には〕人間の尊厳に抵触するだけでは十分ではなく、人間の尊厳を損なうような侵害を必要とする[61]」との表現である。

　ヘイトスピーチを「人種、民族、宗教、性的志向等の集団的属性に基づいて、集団全体、個人・小集団を誹謗する言論」と定義する場合、かかる言論・表現が人の名誉や同権性・同価値性を疑問視させるという点で、人間の尊厳への「抵触」があることは間違いない。しかし、それを越えて、国家による尊厳保護の措置を義務づけ、また表現の自由との衡量を排除するような人間の尊厳の「侵害」とまでいえるのかは疑問である。このような侵害にいたるのは上述のようなヘイトスピーチのうちでも、かなりの強度をもった言論・表現に限定されるだろう。この点で、「ヘイトスピーチは憲法上の人間の尊厳を傷つける」という評価は、ヘイトスピーチの範囲をかなり狭める結果にならざるをえない。[63]

　そうすると、ヘイトスピーチを上述のようなものと考えた上で、ヘイトスピーチは「周辺的な、主として法律によって保護される尊厳」を傷つけるものと理解するほかないであろう。もちろん、こうしたヘイトスピーチがその内容や程度によって憲法上の人間の尊厳（タブー領域）を侵害することがありうることは否定されない。しかし、それは法律の解釈・適用上、他の法益との衡量を

前提としながら、前述した重大性の審査を経て判断されるものである。さらに言えば、憲法上の人間の尊厳を侵害するとまではいえないヘイトスピーチを規制するのか、規制するとしてどこまで、どのような規制を及ぼすのかについては、第一次的には民主主義的立法者による判断が必要となる。

　この意味で、尊厳侵害言説が、表現の自由に絶対的に優越する価値としての人間の尊厳に対する侵害としてヘイトスピーチを位置づけ、その上で国家による尊厳保護義務の発動を要求するものだとすれば、少なくともドイツの人間の尊厳論からそこまでの帰結は導けない。人間の尊厳という言葉は抽象度が高く、また哲学的な背景も手伝って、ともすればロマンティックに解釈される傾向にあるが、ドイツにおける規範としての人間の尊厳はかなり現実的なものである。

　しかし、本章の結論がそのようなものであったとしても、このことによってウォルドロンらが「ヘイトスピーチは人間の尊厳を傷つける」と主張していることの意義はいささかも減じられるものではない。むしろ、絶対的な人間の尊厳概念との結びつけは、禁止されるべき言論・表現の範囲をあまりにも限定してしまい、ヘイトスピーチがもつ問題性をかえって矮小化する危険がある。その意味では、他者の権利などとの衡量が必要な領域においても、「尊厳」をかかる権利行使の対抗法益とすることの意義は軽視されるべきではない。名誉やその他の具体的権利にはそのままでは還元しづらい、人の同権性・同価値性や「しっかりとした立場をもつ社会の成員としての人の地位」の確保といった要求を「尊厳」という言葉で言い表し、このような「尊厳」が共同体のなかでできる限り尊重されるべきだとする主張は至極もっともなものである。人間の尊厳は「タブー領域」だけでなく、「周辺的保護領域」においても保護を展開しているとする、現在のドイツにおける人間の尊厳論は、「ヘイトスピーチは人間の尊厳を傷つける」という主張に根拠を与えるものだといってもよいであろう。そして、このようなドイツの人間の尊厳論に依拠した主張は、憲法13条を根拠として、日本国憲法上も十分に成立しうるものだと考える。[64]

　1)　たとえば、金尚均『差別表現の法的規制——排除社会へのプレリュードとしてのヘイ

ト・スピーチ』（法律文化社、2017年）225頁以下、同「ヘイト・スピーチ規制の意義と特殊性」金尚均編『ヘイト・スピーチの法的研究』（法律文化社、2014年）160頁以下、奈須祐治「ヘイトスピーチ規制消極説の再検討」法学セミナー編集部編『ヘイトスピーチに立ち向かう』（日本評論社、2019年）49頁、楠本孝「ヘイトスピーチ被害の認識不足・矮小化が生む諸問題」法学セミナー編集部・同113頁、曽我部真裕「ヘイトスピーチと表現の自由」論究ジュリスト14号（2015年）155頁などを参照。

2）　この点につき、玉蟲由樹『人間の尊厳保障の法理──人間の尊厳条項の規範的意義と動態』（尚学社、2013年）10頁以下を参照。

3）　玉蟲・前掲注（2）63頁以下を参照。

4）　Jeremy Waldron, *The Harm in Hate Speech*, Harvard University Press, 2012. 邦訳として、ジェレミー・ウォルドロン（谷澤正嗣＝川岸令和訳）『ヘイト・スピーチという危害』（みすず書房、2015年）。以下の引用については、便宜上、邦訳の該当頁を示した。なお、同書のウォルドロンの議論を紹介するものとして、桧垣伸次『ヘイト・スピーチ規制の憲法学的考察──表現の自由のジレンマ』（法律文化社、2017年）202頁以下を参照。

5）　本章ではウォルドロンの尊厳論の全体について検討することはできない。ウォルドロンの尊厳論については、すでに蟻川恒正『尊厳と身分』（岩波書店、2016年）5頁以下で思想的な背景も含めた精緻な検討が行われている。

6）　ウォルドロン・前掲注（4）5頁を参照。

7）　ウォルドロン・前掲注（4）6頁以下を参照。

8）　ウォルドロン・前掲注（4）6頁を参照。

9）　ウォルドロン・前掲注（4）69頁。

10）　ウォルドロン・前掲注（4）6頁。

11）　ウォルドロン・前掲注（4）70頁。

12）　ウォルドロン・前掲注（4）71頁。

13）　ウォルドロン・前掲注（4）56頁。

14）　ウォルドロン・前掲注（4）125頁。

15）　ウォルドロン・前掲注（4）5頁を参照。

16）　ウォルドロン・前掲注（4）110頁以下を参照。

17）　ウォルドロン・前掲注（4）125頁を参照。

18）　ウォルドロン・前掲注（4）4頁、39頁以下、79頁以下などを参照。また、同書に付された訳者解説289頁以下も参照。

19）　ウォルドロン・前掲注（4）181頁以下を参照。

20）　Klaus Stern, Menschenwürde als Wurzel der Mensch- und Grundrechte, in: FS für Hans-Ulrich Scupin, Duncker & Humblot, 1983, 627ff; Christoph Enders, Art. 1, in: Stern/Becker, Grundrechte-Kommentar, 2. Aufl., Carl Heymanns Verlag, 2016, Rn. 9; BVerfGE 30, 173 (194); 35, 202 (235).

21）　Vgl. Günter Dürig, Art. 1, in: Maunz/Dürig (Hrsg.), GG, C. H. Beck, 1980, Rn. 28; 玉蟲・前掲注（2）169頁以下を参照。

22）　Dürig, a.a.O. (Fn. 22), Rn. 28.

23）　Vgl. Thorsten Kingreen/Ralf Poscher, Grundrechte Staatsrecht II, 35.Aufl., C. F.

Müller, 2019, Rn. 417; 426. 本書第31版の邦訳であるピエロート／シュリンク／キング
レーン／ポッシャー（永田秀樹ほか訳）『現代ドイツ基本権〔第2版〕』（法律文化社、
2019年）118、120頁も参照。

24)　Vgl. Matthias Herdegen, Art. 1, in: Maunz/Dürig (Hrsg.), GG, C. H. Beck, 2009, Rn.
120; Werner Maihofer, Rechtsstaat und menschliche Würde, V. Klostermann, 1968,
S.57ff. また、BVerfGE 5, 85 (205) は、「人間の尊厳と自由があらゆる人間に認められ、
その限りで人間が平等であることからすれば、すべての者に対する平等取扱の原理は自
由主義デモクラシーにとって自明の要請である」と述べ、人間の尊厳と原理的な平等と
を直接に結びつける理解を示す。

25)　Wolfram Höfling, Art. 1, in: Sachs (Hrsg.), GG, 8.Aufl., C. H. Beck, 2018, Rn. 57.

26)　BVerfGE 144, 20 (207f.).

27)　BVerfGE 144, 20 (208).

28)　「尊重」と「保護」につき詳しくは、玉蟲・前掲注(2)96頁以下を参照。

29)　Horst Dreier, Art. 1 I, in: ders. (Hrsg.), GG, Bd. I, 2.Aufl., Mohr Siebeck, 2004, Rn. 135.

30)　Dreier, a.a.O. (Fn. 29), Rn. 136.

31)　Dreier, a.a.O. (Fn. 29), Rn. 136.

32)　BVerfGE 107, 275 (284); 115, 118 (152) などを参照。

33)　Hasso Hofmann, Die versprochene Menschenwürde, AöR 118 (1993), S.369. 前述の
NPD判決もこのような理解を明確に示す。

34)　Hofmann, a.a.O. (Fn. 33), S. 364.

35)　Hongは、連邦憲法裁判所の判例を詳細に検討した上で、「人間の尊厳は防御権とし
て、国家だけではなく、直接に第三者に対しても向けられており、第三者に人間の尊厳
を損なうような行為を控えるよう義務づけている」と述べる。Mathias Hong, Der
Menschenwürdegehalt der Grundrechte, Mohr Siebeck, 2019, S. 581.

36)　Struthによれば、連邦憲法裁判所は「ヘイトスピーチ」という言葉を用いたことはな
いものの、ヘイトスピーチに概念上該当するものを意見表明の自由の保護領域にないも
のとした例は存在しないという（Vgl. Anna Katharina Struth, Hassrede und Freiheit
der Meinungsäußerung, Springer, 2019, S. 105f.）。

37)　BVerfGE 93, 266 (293).

38)　ドイツにおけるヘイトスピーチ問題について、上村都「ドイツにおけるヘイト・ス
ピーチ規制」駒村圭吾＝鈴木秀美編著『表現の自由Ⅰ──状況へ』（尚学社、2011年）476
頁以下を参照。

39)　BVerfGE 93, 266 (299).

40)　BVerfGE 93, 266 (300).

41)　BVerfGE 93, 266 (301).

42)　実際、連邦憲法裁判所は、後の部会決定において、「兵士は殺人者だ」との表現が他者
の人間の尊厳への攻撃を一つの要件とする民衆煽動罪（刑法130条）に該当するかの判断
にあたって同様の衡量を行っている。Vgl. BVerfGK v. 13, Dezember 2001.

43)　Vgl. Hong, a.a.O. (Fn. 35), S. 573.

44)　BVerfGE 93, 266 (304).

45)　BVerfGE 90, 241 (251f.).

46)　BVerfGE 90, 241 (252f.).

47)　ウォルドロン・前掲注(4)6頁以下を参照。

48)　Vgl. Vasiliki E. Christou, Die Hassrede in der verfassungsrechtlichen Diskussion, Nomos, 2007, S.224.

49)　この点を指摘するものとして、櫻庭総「ヘイトスピーチ規制における刑事法の役割と限界」法学セミナー編集部編・前掲注(1)90頁および注30)。

50)　連邦憲法裁判所は、2000年の部会決定において、連邦通常裁判所が、ある表現が刑法130条にいう「人間の尊厳への攻撃」となるには、「攻撃された個人が国家共同体において同価値的な人格として生きる権利を否定され、価値の低い存在として取り扱われていることを必要とする」と解したことを、憲法上疑義のない規範解釈と評価している(BVerfG, NJW 2001, S.61.)。同決定につき、金・前掲注(1)「ヘイト・スピーチ規制の意義と特殊性」160頁を参照。

51)　Vgl. Dreier, a.a.O. (Fn. 35), Rn. 136; Hong, a.a.O. (Fn. 35), S. 581f.

52)　BVerfGE 75, 369 (380).

53)　BVerfGK v. 20, Februar 2009 (Rn. 26).

54)　以下の記述については、Vgl. Hong, a.a.O. (Fn. 35), S. 574ff.

55)　BVerfGE 124, 300 (344)(強調は玉蟲).

56)　前掲注(50)で紹介した決定も同じ論理で理解できる。同決定は、刑法130条の「人間の尊厳への攻撃」についての連邦通常裁判所の理解を法律上の尊厳の解釈として承認したか、これを憲法上の人間の尊厳の内容とみ（し）いたかどうかは明らかではない。この点につき、専門裁判所による法律上の尊厳解釈を連邦憲法裁判所が「憲法上疑義はない」とすることと、そのような解釈が憲法上の人間の尊厳の内容となるかどうかとを区別する必要を説く Hong, a.a.O. (Fn. 35), S. 574ff. を参照。

57)　この点につき、玉蟲・前掲注(2)51頁以下を参照。

58)　玉蟲・前掲注(2)215頁以下、281頁以下を参照。

59)　「兵士は殺人者だ」判決では、刑法185条以下の諸規定の「個別事例における適用段階においては、基本法5条1項1文は、一方においては個人的名誉を、他方においては意見の自由を脅かすことになる侵害に重大性の判断を要求」するとされた(BVerfGE 93, 266 (293))。

60)　BVerfGE 93, 266 (293); 107, 275 (284) などを参照。

61)　BVerfG, NJW 2001, S. 2959; BVerfGK v. 20, Februar 2009 (Rn. 19).

62)　奈須・前掲注(1)vii頁。同旨のものとして桧垣・前掲注(4)6頁を参照。

63)　このような限定について、小谷順子「言論規制消極論の意義と課題」金編・前掲注(1)『ヘイト・スピーチの法的研究』90頁以下を参照。

64)　本章では詳しく紹介できなかったが、日本国憲法13条の「個人の尊重」がドイツ基本法における人間の尊厳と互換的な概念であり、「個人としての尊重」が尊厳尊重要請を、「公共の福祉」が尊厳保護要請を根拠づけるという私の理解について、玉蟲・前掲注(2)3頁以下、156頁以下、同「人権と国家権力——『公共の福祉』の多元的機能」法律時報86巻5号(2014年)35頁以下の参照を乞いたい。

［執筆者紹介］　※執筆順

桧垣　伸次（ひがき・しんじ）　　　　　　　　　　　　　　　　　編者・第1章
　同志社大学大学院法学研究科博士課程（後期）中退／博士（法学）
　現在、同志社大学法学部准教授
　〔主要業績〕
　『ヘイト・スピーチ規制の憲法学的考察——表現の自由のジレンマ』（法律文化社、2017年）、「Louis
　D. Brandeis裁判官の表現の自由論」法と政治70巻1号（2019年）所収、「ヘイト・スピーチ解消法
　と政府言論——非規制的施策の可能性」福岡大学法学論叢63巻2号（2018年）所収

梶原　健佑（かじわら・けんすけ）　　　　　　　　　　　　　　　　　第2章
　九州大学大学院法学府博士後期課程単位取得退学／修士（法学）
　現在、九州大学基幹教育院准教授
　〔主要業績〕
　「ヘイトスピーチ概念の外延と内包に関する一考察」比較憲法学研究27号（2015年）所収、「誤同定
　と社会的評価に関する覚書」山口経済学雑誌66巻5号（2018年）所収、「表現の自由の原理論」山本
　龍彦＝横大道聡編『憲法学の現在地』（日本評論社、2020年）所収

櫻庭　総（さくらば・おさむ）　　　　　　　　　　　　　　　　　　　第3章
　九州大学大学院法学府博士後期課程単位取得退学／博士（法学）
　現在、山口大学経済学部准教授
　〔主要業績〕
　『ドイツにおける民衆扇動罪と過去の克服』（福村出版、2012年）、“Hate Speech and Criminal Law
　Frameworks in Japan”, in Shinji Higaki and Yuji Nasu (eds.), *Hate Speech in Japan: The
　Possibility of a Non-Regulatory Approach* (Cambridge University Press 2021)、金尚均編『ヘイ
　ト・スピーチの法的研究』（法律文化社、2014年）第7章および第8章。

成原　慧（なりはら・さとし）　　　　　　　　　　　　　　　　　　　第4章
　東京大学大学院学際情報学府博士課程単位修得退学／修士（社会情報学）
　現在、九州大学法学研究院准教授
　〔主要業績〕
　『表現の自由とアーキテクチャ』（勁草書房、2016年）、「アーキテクチャの設計と自由の再構築」松
　尾陽編『アーキテクチャと法』（弘文堂、2017年）所収、「記念講演　AI時代の差別と公平性」反差
　別国際運動編『AIと差別』（反差別国際運動、2020年）所収

中村 英樹（なかむら・ひでき）　　　　　　　　　　　　　　第5章

　九州大学大学院法学研究科博士後期課程修了／博士（法学）

　現在、北九州市立大学法学部教授

〔主要業績〕

「自治体におけるヘイトスピーチ解消に向けた動きについて」自治体法務研究61号（2020年）所収、「ヘイトスピーチ集会に対する公の施設の利用制限——地方公共団体のガイドラインを中心に」北九州市立大学法政論集46巻1・2合併号（2018年）所収、「基幹放送としてのコミュニティ放送の「公共性」」北九州市立大学法政論集42巻2・3・4合併号（2015年）所収

奈須 祐治（なす・ゆうじ）　　　　　　　　　　　　　　編者・第6章

　関西大学大学院法学研究科博士課程後期課程修了／博士（法学）

　現在、西南学院大学法学部教授

〔主要業績〕

『ヘイト・スピーチ法の比較研究』（信山社、2019年）、「自己統治一表現の自由の「理論」と「法理」の架橋とその隘路」駒村圭吾＝鈴木秀美編『表現の自由Ⅰ——状況へ』（尚学社、2011）所収、「ジョン・ポール・スティーブンス——憲法解釈におけるコモン・ロー的方法論」山本龍彦＝大林啓吾編『アメリカ憲法の群像——裁判官編』（尚学社、2020年）所収

村上 玲（むらかみ・れい）　　　　　　　　　　　　　　第7章

　大阪大学大学院法学研究科博士後期課程修了／博士（法学）

　現在、淑徳大学コミュニティ政策学部助教

〔主要業績〕

「宗教批判の自由と差別の禁止（一）——イギリスにおける神冒瀆罪から宗教的憎悪扇動罪への転換に関する考察」阪大法学62巻5号（2013年）所収、「宗教批判の自由と差別の禁止（二・完）——イギリスにおける神冒瀆罪から宗教的憎悪扇動罪への転換に関する考察」阪大法学62巻6号（2013年）所収、「欧州人権裁判所判例における宗教を冒瀆する表現に関する考察」淑徳大学大学院総合福祉研究科研究紀要26号（2019年）所収

森口 千弘（もりぐち・ちひろ）　　　　　　　　　　　　　　第8章

　早稲田大学大学院法学研究科博士課程修了／博士（法学）

　現在、熊本学園大学社会福祉学部准教授

〔主要業績〕

「良心・信仰への間接的な制約と保護」浅倉むつ子＝西原博史編『平等権と社会的排除：人権と差別禁止法理の過去・現在・未来』（成文堂、2017年）所収、「わいせつ規制と思考の自由——わいせつ物単純所持規制を題材に」韓永學＝塚一美＝浮田哲編『権力vs市民的自由：表現の自由とメディアを問う』（花伝社、2018年）所収、『憲法を楽しむ』（共著）（法律文化社、2020年）

玉蟲 由樹（たまむし・ゆうき）　　　　　　　　　　　　　　　　　　　第9章

　　上智大学大学院法学研究科博士後期課程単位取得退学／修士（法学）

　　現在、日本大学法学部教授

〔主要業績〕

『人間の尊厳保障の法理——人間の尊厳条項の規範的意義と動態』（尚学社、2013年）、「基本権制約
はなぜ比例的でなければならないのか」戸波江二先生古稀記念『憲法学の創造的展開　上巻』（信山
社、2017年）所収、「人権保護のコンセプト」憲法問題29号（2018年）所収

Horitsu Bunka Sha

ヘイトスピーチ規制の最前線と法理の考察

2021年10月15日　初版第1刷発行

編著者　桧垣伸次・奈須祐治

発行者　畑　　光

発行所　株式会社法律文化社

〒603-8053
京都市北区上賀茂岩ヶ垣内町71
電話 075(791)7131　FAX 075(721)8400
https://www.hou-bun.com/

印刷：㈱冨山房インターナショナル／製本：㈱藤沢製本
装幀：谷本天志

ISBN 978-4-589-04175-3

© 2021 S. Higaki, Y. Nasu Printed in Japan

乱丁など不良本がありましたら、ご連絡下さい。送料小社負担にて
お取り替えいたします。
本書についてのご意見・ご感想は、小社ウェブサイト、トップページの
「読者カード」にてお聞かせ下さい。

JCOPY 〈出版者著作権管理機構　委託出版物〉

本書の無断複写は著作権法上での例外を除き禁じられています。複写される
場合は、そのつど事前に、出版者著作権管理機構（電話 03-5244-5088、
FAX 03-5244-5089、e-mail: info@jcopy.or.jp）の許諾を得て下さい。

桧垣伸次著

ヘイト・スピーチ規制の憲法学的考察
―表現の自由のジレンマ―

A5判・242頁・5280円

ヘイト・スピーチ規制をめぐる憲法上の議論を根源的に考察。アメリカにおける判例・理論をヘイト・クライム規制も含めその展開を概観するとともに、「批判的人種理論」や「表現の自由の原理論」の近年の動向を検討し、日本への示唆を明示する。

金 尚均編

ヘイト・スピーチの法的研究

A5判・198頁・3080円

ジャーナリズム、社会学の知見を前提に、憲法学と刑法学の双方からヘイト・スピーチの法的規制の是非を問う。「表現の自由」を思考停止の言葉とせず、実態をふまえて、冷静かつ建設的な議論の土台を提示する。

金 尚均著

差別表現の法的規制
―排除社会へのプレリュードとしてのヘイト・スピーチ―

A5判・272頁・5500円

ドイツ語圏の法や判例との比較の視点から、規制の根拠や射程範囲を批判的に考察。表現規制と憲法上の原則・基本的人権との関わり、刑法理論上の「明白かつ現在の危険」の解釈にも論及し、法的規制のあるべき姿を検討。

阪口正二郎・毛利 透・愛敬浩二編

なぜ表現の自由か
―理論的視座と現況への問い―

A5判・266頁・3300円

表現の自由は、なぜ・どのように保障されるべきなのかについて憲法学の成果をふまえ考察し、理論的視座と課題を明示する。ヘイトスピーチ・報道・性表現への規制や「忘れられる権利」などの新たな課題も含め、表現の自由を取り巻く現況を考察する。

憲法を楽しむ研究会編

憲 法 を 楽 し む

A5判・238頁・2970円

人権、統治の古典的論点とともに、「成年後見人の医療同意権」「障がい者の自立と地域で暮らす権利」「女性優遇措置（クォータ制）と逆差別」など、近年の人権主体に関わるテーマを取り上げる。各章「できごと」「考えてみよう憲法問題」の二段構成で、事例に沿う展開でわかりやすさを工夫。

志田陽子・榎澤幸広・中島 宏・石川裕一郎編

映 画 で 学 ぶ 憲 法 II

A5判・174頁・2310円

映画を題材にした憲法の入門書。フィクションだからこそ問いなおす視点を提供する〈映画〉と史実のなかで生まれたが抽象度の高い〈憲法〉の双方を行き来する作業を通じて、憲法の理念や規範を新たな視点から捉え、思考力と想像力を養う。憲法の主要論点をカバー。

―――法律文化社―――
表示価格は消費税10％を含んだ価格です